U0929511

我国棉花国际竞争力研究

WOGUO MIANHUA GUOJI JINGZHENGLI YANJIU

刘春香 孙平◎著

中国财经出版传媒集团
中国财政经济出版社

图书在版编目（CIP）数据

我国棉花国际竞争力研究／刘春香，孙平著．—北京：中国财政经济出版社，2017.11

ISBN 978－7－5095－7723－3

Ⅰ.①我…　Ⅱ.①刘…　②孙…　Ⅲ.①棉花－产业发展－国际竞争力－研究－中国　Ⅳ.①F326.12

中国版本图书馆 CIP 数据核字（2017）第 218225 号

责任编辑：高树花　段　钢　　　　责任印制：杨　军
封面设计：孙俪铭　　　　　　　　责任校对：黄亚青

中国财政经济出版社 出版

URL：http：//www.cfeph.cn

E－mail：cfeph@cfeph.cn

社址：北京市海淀区阜成路甲 28 号　邮政编码：100142

营销中心电话：88190406　北京财经书店电话：64033436　84041336

北京财经印刷厂印刷　各地新华书店经销

710×1000 毫米　16 开　10.5 印张　210 000 字

2017 年 11 月第 1 版　2017 年 11 月北京第 1 次印刷

定价：48.00 元

ISBN 978－7－5095－7723－3

（图书出现印装问题，本社负责调换）

本社质量投诉电话：010－88190744

打击盗版举报热线：010－88190492、QQ：634579818

前　言

农业是国民经济的基础部门，其发展水平和潜力直接关系着一国经济的稳定和发展，也影响着一个国家国际竞争力的强弱。棉花是我国重要的经济作物，是我国农业生产中仅次于粮食的第二位大宗农产品，是我国农产品产业链最长的大田经济作物，同时也是棉纺织业必不可少的原材料，在我国国民经济发展中具有十分重要的地位。

我国具有较为悠久的棉花种植历史，早在明清时期就已经存在棉花生产活动。我国棉花产业发展迅速，尤其是加入世界贸易组织（WTO）以后，我国棉花产量、消费量以及进口量已经居全球首位，棉花对于我国经济社会的发展具有不可或缺的作用。

作为一个棉花生产大国，我国的棉花贸易却始终保持着严重的贸易逆差。尤其是我国加入世界贸易组织以后，棉花进口关税及配额逐渐降低，国内市场面临很大冲击。多年来，中国棉花产业为中国成为全球第一大纺织品服装生产国、出口国及消费国打下坚实基础。但我国的棉花产业依然“大而不强”，同时存在两方面问题：一方面，我国棉花严重供大于求，不少棉花收购加工企业举步维艰；另一方面，部分纺织企业买不到符合质量要求的国棉。主要原因有：一是棉花种植面积分散、机械化水平低，配套服务落后。二是棉花产业政策缺乏整体考量，国家投入大量财政资金补贴棉农，种植者重视补贴金额轻视市场价值，混等混级现象时有发生。三是国内许多大规模服装企业，多为“加工型企业”，生产能力较强，但设计能力和营销能力较弱，处于价值链低端，价格竞争成为主要竞争方式。随着低成本优势流失，中国棉纺织制造业竞争优势弱化。

因此，在经济全球化背景下，棉花作为土地密集型农产品，其比较优势正在下降，这严重制约着我国棉花产业的健康发展。时代要求我们必须科学正确地认识我国棉花进出口贸易和生产现状，抓住机遇，应对挑战，正确判断我国棉花生产和贸易上的比较优势，科学分析我国棉花的国际竞争力，抓紧时机发展壮大我国的棉花产业，增强棉花在国际上的优势。因此，十分有必要对我国棉花的国际竞争力进行系统分析，以促进我国棉花产业的发展。基于这一目的，本书从产品和产业两个层面运用显示性比较优势指数和综合比较优势指数对我国棉花的国际竞争力进行评价。

本书的研究意义在于：①将国际竞争力的一般理论引入棉花领域，构建我国棉花国际竞争力来源的层次结构模型，完善国际竞争力理论分析框架，以拓展农业经济学研究视角，深化国际竞争力理论体系；②引入时间分析序列，运用多个指标综合测定我国棉花的国际竞争力，突破以往对产品竞争力只进行单一测定的局限；③基于棉花国际竞争力的内涵与影响因素，建立起棉花产业国际竞争力的综合评价指标体系，通过国际比较客观测度我国棉花产业国际竞争力的地位与水平。

在对竞争力理论进行必要梳理和参阅大量中英文文献的基础上，本书着眼于国际竞争力的产品竞争力与产业竞争力层次，以马克思辩证唯物主义和历史唯物主义为指导思想，综合运用国际经济学、农业经济管理等学科理论以及定性、定量分析相结合的多种研究方法和手段，建立了综合评价指标体系，对中国棉花国际竞争力进行系统研究。

本书立足于中国加入世界贸易组织已经十五年的现实，将国际竞争力的一般理论引入棉花领域，在借鉴波特“钻石”模型的基础上，构建了棉花国际竞争力研究的理论框架，对棉花国际竞争力的理论内涵、棉花国际竞争的特点及棉花国际竞争力的来源等进行了比较清楚的论述。本书指出，棉花国际竞争力研究属于国际竞争力研究的中观层次。由于中国棉花国际竞争主体的缺位，所以本书的研究对象是棉花这个产品和棉花产业。其中，棉花产业国际竞争力可界定为棉花在国际竞争中保持持续增长并不断获利的能力，它集中反映在棉花的生产能力、棉花的国际化程度、棉花的持续增长能力和棉花的长期获利能力四个方面，同时又受到两个决定因素即棉花技术创新水平、棉花产业结构调整程度，三个影响因素即政府对棉花产业的支持力度、棉农素质、自然资源等的综合制约。

在理论分析的基础上，本书分别构建了中国棉花产品国际竞争力与棉花产业国际竞争力的评价指标体系，并运用该指标体系对中国棉花国际竞争力的现实状况进行了实证分析。既运用常见的比较优势指标体系分析了中国棉花产品的国际竞争力，又运用竞争优势理论、通过综合分析与国际比较的办法衡量了中国棉花产业的国际竞争力，从中可以看到我国棉花的优势和劣势所在。

本书主要结论有：

（1）世界棉花的种植区域较为集中，产量总体具有增加的趋势。世界棉花的种植具有十分悠久的历史，全球生产棉花的国家和地区有近100个，但棉花的种植区域比较集中，种植区域主要分布在亚洲和北美洲。世界棉花的总产量除个别年份之外，总体趋势是增加的。虽然棉花产量总体增加，但是全球棉花的种植面积却变化不大。亚洲、北美洲和非洲是全球棉花出口最多的三个大洲，美国和印度是世界上棉花出口最多的两个国家。亚洲和欧洲是世界上棉花进口最多的两个大洲，进口国较为集中。

（2）我国棉花种植面积较大，种植区域较为集中，产量随时间波动较大，不同棉产区单产差别大。近些年来我国棉花的生产成本不断上升，棉花收益率下降幅度大。

（3）我国棉花从进口金额来看，2003～2012年总体呈增长态势，并在2012年达到最高点，进口金额达到120.01亿美元，此后进口金额呈下降趋势，2016年为17.74亿美元。从出口金额来看，2000年以后我国棉花出口金额总体呈下降趋势，2016年仅为0.16亿美元。从贸易伙伴看，我国棉花进口来源国的集中度非常高，从1999年以来，我国棉花进口排名前五位的来源国的棉花进口量平均占当年棉花总进口量的80%左右，美国、澳大利亚、印度和乌兹别克斯坦是我国稳定的棉花进口国家。我国棉花主要出口国家和地区有：韩国、泰国、印度尼西亚、中国香港、日本、朝鲜、越南等，此外还有美国、意大利等西方国家。我国棉花的出口目的地也较为集中，出口排名前五位的国家和地区的出口量总和占当年棉花出口量总和的80%左右，2014年该比例达到87.73%，集中度总体上处于上升的趋势。但是此后集中度有所下降，2016年该比例下降到77%。

(4) 通过SWOT分析，我们发现影响我国棉花生产活动和竞争力的不利因素主要有：棉花优质品种缺乏、“三丝”现象突出、加入WTO时间较晚因而在棉花补贴与出口规则上处于不利地位以及棉花库存量较大等。

(5) 不论是在RCA指数、IIT指数，还是EC指数方面，我国棉花的国际竞争力都排在世界主要棉花贸易大国的后面，我国棉花在国际上完全不具有竞争力。加入WTO后的一两年内，我国棉花出口竞争优势急剧下降。由此可见，加入世贸组织虽然促进了我国纺织产业的发展，但是很大程度上削弱了我国棉花的国际竞争力。而美国、澳大利亚和巴西的棉花具有绝对的竞争优势。从三个衡量国际竞争力的指标来看，美国和澳大利亚都排在世界主要棉花进出口国家的首位，竞争优势明显。

(6) 美国、澳大利亚和巴西的棉花产品具有绝对的竞争优势。从三个衡量国际竞争力的指标来看，美国和澳大利亚都排在世界主要棉花进出口国家的首位，竞争优势明显。中国棉花产业国际竞争力的综合评价值CCI为77.334，在九个国家中排名第三，为中上水平，落后于美国（89.766）、澳大利亚（78.965），但高于印度（77.065）、巴西（74.987）、希腊（72.060）、乌兹别克斯坦（68.956）、土耳其（64.768）和墨西哥（61.918）。从中可以看到，中国的自然资源非常丰富，棉花劳动力充足，棉花生产能力强，棉花获利能力较强，但是棉花国际化程度不高，棉花技术创新较为落后，持续增长能力和财政支持力度亟待提高。

作者于宁波大红鹰学院

2017年6月

目　　录

第一章 导 论

棉花产业的发展和棉花国际竞争力的提升，不仅涉及2亿多棉农的收入来源，还关系着纺织工业1800多万员工的经济利益，也关系着亿万消费者的消费福利。因此，棉花生产的稳定发展与否，直接关系到整个棉农的收入水平，关系到农业生产和棉纺织工业的发展，进而关系到国民经济的稳定发展。

在经济全球化的背景下，以土地密集和劳动力密集形式存在的农产品的比较优势正在下降，农产品贸易在中国总贸易中所占比重也趋于下降。那么，我国棉花是否具有国际竞争力，其竞争力的程度如何？我国棉花产业的优势和劣势究竟在哪里？对于这些问题，需要进行实证研究予以说明。因此，系统地研究我国棉花的国际竞争力，对我国实现棉花产业的可持续发展至关重要。

第一节 研究背景与研究意义

一、研究背景

2001年12月，中国正式加入世界贸易组织（WTO），使中国农业发展必须适应新的国际环境。中国的农产品，不管是土地密集型农产品（如棉花等粮食作物），还是劳动密集型农产品（如水果、蔬菜、畜产品等）都已在一定程度上受到冲击。当然，加入世界贸易组织也给中国农业提供了一个千载难逢的发展机遇。世界经济发展总的趋势是一体化，也就是按照各国的资源优势生产产品并在国际市场上进行交换，从而最大限度地提高世界经济发展的效率。因此，在世界贸易组织框架下，我国棉花产业发展可以充分利用国内、国际两种资源和两个市场，加快结构调整，与国际棉花产业发展形成互补、互利、互惠的相容关系，实现国内资源的优化配置和高效利用，并极大地提高我国棉花产业发展的效率和农民收入水平。

棉花是一种天然纤维，具有吸潮、透气、保暖、不带静电、手感柔软、穿着舒适以及染色牢固等化学合成纤维所不具备的优良特性，同时由于棉纤维加工技术的改进，棉花制品又具有免熨及耐穿等特性，加之社会经济的发展和人们收入水平的日益提高，人们开始追求自然、环保和健康的消费，服装及家用装饰用料回归天然纤维成为一种发展趋势，从而导致了棉花消费需求不断上升。

我国棉花种植的历史是比较久远的，最早的关于棉花种植的记载是在宋元时期，广泛种植始于明朝初期，并逐渐成为我国重要的具有战略地位的经济作物。因此，棉花是中国重要的经济作物和战略物资，中国棉花在世界和国内的地位举足轻重。中国是原棉的生产大国、消费大国和原棉调节国。自 1982 年以来，中国的棉花产量一直居于世界首位。据联合国粮农组织（FAO）统计，2013 年世界棉花产量 2454. 36 万吨，棉花总进口总量 940. 67 万吨，中国棉花的产量就有 629. 90 万吨，占全球棉花总产量的 25. 67%，进口量 443. 69 万吨，占世界进口量 47. 17%，而棉花消费量也占全球接近一半的份额。

目前我国棉花产量占世界棉花产量约26. 3%，棉花消费量占世界棉花消费总量的41. 3%，并且拥有世界最大的纺织和服装生产出口体系，是全球纺织服装最大的出口国。中国还是世界原棉贸易的重要调节国，中国棉花的进出口都会引起世界棉价大的波动，是全球棉花贸易平衡的重要因素。据统计，2015 ~ 2016 年中国棉花产量为 493 万吨，消费量为 756 万吨，进口量为 96 万吨，储备棉投放成交量 205 万吨，棉花期末库存量估计为 1111 万吨①。

然而，我国的棉花出口量却与我国棉花生产大国的地位极其不符，2013 年我国的棉花出口额不及全球棉花出口总额的 1%，自从加入 WTO 以来，我国棉花的贸易逆差现象就比较突出，而且随着时间的推移，逆差更显突出。在生产方面，FAO 统计数据显示，2013 年我国棉花播种面积和总产量，分别占世界棉花播种面积和总产量的 12. 70%、25. 67%，而单位面积产量接近世界平均单位面积产量的两倍，具有比较大的比较优势，然而比较优势却没有转化成竞争优势，棉花贸易的巨大逆差与我国的棉花生产大国极不相配。

加入世贸组织后，中国各棉区不同程度地受到国外棉花的数量冲击、价格冲击和质量冲击。关税的大幅减让以及棉花进口配额的增加，使我国棉花面临价格低廉的进口棉的冲击，国家补贴棉花出口的政策取消，使棉花出口又面临困难。

---

① 数据出处：“2016/17 年度中国棉花产量下调至 472 万吨”，纺织服装周刊，2016 年 12 月 12 日，http：//www. textile. hc360. com。

2005 年中国开始取消棉花进口配额，而且外商被允许进入中国市场从事棉花流通服务。2007 年后国外棉花被允许全方位进入中国，并在中国国内市场流通中享受同等国民待遇。所有这些打破了以往国产棉花在中国国内市场上的垄断地位，与进口棉花形成多元化平等的竞争关系，这在一定程度上挤压了我国棉花生产的规模，棉花将面临十分严峻的竞争形势，提升我国棉花竞争力已成为当务之急。

因此，为了帮助人们更好地了解当前我国棉花产业发展的实际情况以及加入世贸组织对中国棉花产业的影响，笔者选择了“我国棉花国际竞争力研究”作为著作题目。在借鉴相关理论的基础上，建立起了棉花国际竞争力研究的理论框架，并运用该理论框架对中国棉花国际竞争力进行了实证研究。希望从总体竞争力不强的棉花产业中发现其优势并加以利用，找出其劣势并加以改进，为中国实现棉花产业的“高产、高效、优质、安全”发展做出贡献。

二、研究目的和意义

1. 研究目的

本书研究的主要目的是力图在理论和实证两个层面对棉花国际竞争力研究做出一定的贡献。在理论层面上，本书试图在对国际竞争力理论和比较优势理论等相关领域内的理论成果进行梳理的基础上，将国际竞争力的一般理论引入棉花领域，结合中国棉花产业发展与产品贸易的具体特征，建立一个适合于中国棉花国际竞争力分析的系统框架；提出并尝试解决一些在棉花国际竞争力研究中客观存在但却被忽视的重要问题。在实证层面上，本书一方面试图解决一些实际问题，另一方面也是对理论研究提出的框架体系与分析思路的应用和验证。因此，实证研究力图在理论框架内，采用理论部分提出的方法与评价体系，对中国棉花产品国际竞争力和棉花产业国际竞争力进行具体测定，并为中国进行棉花技术创新、加大政府对棉花产业的支持力度、提高中国棉农素质等提供理论和实证依据。

简而言之，本书是对中国棉花国际竞争力进行的专项研究。其目的是通过对中国棉花国际竞争力进行指标测度，使人们对中国棉花国际竞争力的状况有一个比较正确的认识。同时，在实证研究和国际比较的基础上，提出全面提升中国棉花国际竞争力的对策，为实现中国棉花产业现代化与棉花产业的健康发展服务，使棉花产业继续为我国国民经济的发展和人民生活水平的提高做出应有的贡献。

本书将较为全面地分析我国及世界棉花生产和贸易的现状、我国棉花国际竞争力水平以及影响我国棉花国际竞争力的相关因素。本书的研究重点是：基于经济全球化背景，将国际竞争力的一般理论引入棉花产业领域，运用多个指标综合测定我国棉花的国际竞争力，突破以往对棉花竞争力只进行单一测定的局限。本书还将基于中国棉花大量进口的现状，利用贸易引力模型分析我国棉花的进口潜力。本书可以让人们了解我国棉花目前的比较优势及预测其未来的竞争优势，可以为适时调整我国棉花的生产提供理论依据。从长期来看，还可以为酝酿下一次大的棉花产业结构调整做准备。

2. 研究意义

本书主要有以下三个方面的研究意义：

（1）通过测算我国棉花国际竞争力的各项指标，比较分析我国棉花国际竞争力水平及其在世界棉花产业中的作用与地位。对我国棉花国际竞争力影响因素进行正确评价，从而找出不利于提升我国棉花国际竞争力的方面，最终提出有助于提高我国棉花国际竞争力水平的对策。

（2）本书可以为政府决策提供参考，使国家及时调整引导我国棉花产业的健康持续发展的宏观产业政策。同时也为我国的棉花生产经营活动提供参考，增加棉农的经济收入，提高棉花产业的劳动力就业水平。

（3）本书可以将棉花国际竞争力的评价标准系统化，进一步地丰富和发展国内有关棉花国际竞争力的研究成果，尝试弥补国内关于棉花国际竞争力评价体系的不足，积累相关的研究资料，为以后的研究奠定一定的基础。

第二节　棉花领域竞争力的研究现状

第二次世界大战结束后，特别是20世纪60年代以来，由于国际经济竞争日益激化，为捍卫各国经济利益、扩大发展空间和解决国际摩擦、南北关系等问题，一些国家和国际组织纷纷成立专门的研究机构，对各国的国际竞争力进行分析与评价，这也大大推动了棉花领域竞争力的研究。

一、国外研究现状

近年来，关于国际竞争力理论和评价方法成为各个国家尤其是发达国家学者、企业和政府机构研究的热点。鉴于农业发展的重要性，自20世纪后半叶以来，国外的经济学家、农业经济学家及企业管理学界的研究者和大型农业企业管理者，开始对农业（食品）产业国际竞争力问题表现出持续和强烈的兴趣。他们从多个角度对农业（食品）产业的国际竞争力进行研究，其中也夹杂着对棉花产业竞争力的研究，从而推动了国际竞争力理论在棉花领域的运用。

总体来看，国外就棉花国际竞争力研究而言，研究内容主要包括以下几个方面：

1. 运用国内资源成本系数分析棉花的竞争力

由于国内资源成本（Domestic Resource Cost，DRC）系数是应用比较优势模型中争议最少的一种方法，因此其使用的频率较高。

早在1961年，Chenery就讨论了比较优势在资源配置中的含义。他认为，如果一国生产一单位某种农产品的社会机会成本，即最优生产配置中全部生产要素的成本价值小于这种农产品的边际价格，则农业资源配置是有效率的，该农产品生产和出口具有比较优势。尽管Chenery运用的概念还是比较优势，但是这个思想为后来国内资源成本分析方法的建立奠定了基础。

Bruno（1972）在其论文中，讨论了国内生产成本的评价方法。他认为，如果一国生产某种农产品所消耗的国内要素机会成本与这种农产品所获得净收入的比率小于汇率，那么这种农产品的生产和贸易具有比较优势，其观点被Pearson在建立比较优势DRC评价方法时所采用。

B. Balassa（1972）讨论了国内资源成本法与有效保护率（the effective rate of protection）使用的有关问题。他第一次创造性地提出了国内资源成本的含义，"是在经济活动中，每增加一单位贸易额所投入的贸易性要素的影子价格"。①

Pearson和Meyer（1974）运用DRC分析方法考察了非洲4国埃塞俄比亚、科特迪瓦、坦桑尼亚和乌干达咖啡生产和出口的比较优势，认为乌干达、埃塞俄比亚和坦桑尼亚咖啡生产具有较强的比较优势，科特迪瓦具有微弱的比较优势。

Pearson，Akrasanec和Nelson（1976）从成本的角度分析了粮食生产的比较优势。他们得到的结论是：在很多国家，粮食生产的比较优势在很大程度上来自国内保护。②

---

① 参见Balassa，B.（1972），"Domestic Resource Costs and effective protection once again". J. P E，vol. 80，pp. 63 –69.

② 为了研究的方便，Pearson，Akrasanec和Nelson假设价格等于成本，所以他们认为"价格"可表示在生产某一产品时，每一追加单位的资源投入可以赚取的或节省的外汇，用来表示该产品生产上的国内比较优势或受到的保护。参见Pearson，Akrasanec and Nelson（1976），Comparative advantage in rise production：a methodological introduction. Food Research Institution Studies，No. 2.

Murphy（1987）运用 DRC 方法对欧共体 8 国，即爱尔兰、丹麦、荷兰、德国、法国、比利时、英国、意大利的乳品业的国际竞争力进行了分析。其结论是：8 国中比利时、荷兰以及爱尔兰乳品业的比较利益最高。值得一提的是，在分析过程中，Murphy 指出了 DRC 方法有三个方面的局限性：第一，DRC 法分析是静态的，它没有考察时间的变化对一国比较优势的影响。因此，在分析中应测定不同时期的 DRC，考虑时间变化的因素。第二，典型的比较利益指的是贸易前的比较成本。在缺乏这种资料的情况下，应该尽可能地用非自由贸易条件下最近期的资料替代。第三，当市场不完善时，市场价格并不总是与 DRC 法中的影子价格相接近。因此，生产要素的机会成本估计是一项艰巨的任务。

安德森（1992）在《中国经济比较优势的变化》运用国内资源成本系数分析得出结论，由于收入的增加，农村市场的开放，出口纺织品的迅速增长，使粮食、饲料和纤维的消费也急剧增长，中国的比较优势已经由农业转向轻工业制造。中国农业比较优势的下降，可能导致进口水平的增长，宏观经济干预政策将成为中国经济全面增长中确保农业占有适当地位所必需的政策。

Schimidhuber（2001）与 Lohmar 等（2002）分析了加入 WTO 对中国农业（主要是玉米、小麦、大豆、油菜和棉花）国际竞争力可能产生的影响。其研究表明，中国对大多数农产品实行关税减让，对粮、棉、油等大宗农产品实行关税配额制，放宽农产品贸易和流通的市场准入条件，在农产品进口的动植物检疫方面减少技术壁垒的承诺会影响粮、棉、油等大宗农产品的生产，特别是玉米、小麦、大豆、油菜和棉花的生产。如果进口配额完全使用，到 2004 年，中国进口玉米和小麦的总和将接近 1700 万吨，相当于中国年产量或消费量的 3.5% 左右；到 2005 年，小麦和玉米的进口总量可能达到 2500 万吨，大约相当于年产量或消费量的 5%，而食用油和油料的进口数量将分别为 1300 万吨和 900 万吨。他们认为，油料和棉花的进口将对中国国内生产造成严重冲击。减少国家对粮食流通的干预可能产生更深远的影响，进口数量也可能超出关税配额的数量限制。

2. 运用比较优势指数等测定棉花的竞争力

Anderson Kym（1990）运用比较优势指数研究了中国在食品及纺织品市场上的竞争力①。

Colin A. Carter 和 Xianghong Li（1999）运用比较优势指数等测定了中国

---

① 参见 Anderson Kym（1990），Changing comparative advantages in China effects on food, feed and fibre markets, OECD, Paris, France.

1980～1996年的农产品贸易及其变化。他们把中国所有产品分成三类①，认为农产品贸易相对于其他两类产品有比较稳健的增长，其贸易结构的变化与中国的经济改革是分不开的。

Kevin Z. Chen（2000）用中国农产品进出口量值的时间序列来反映贸易模式的变化，对改革开放以来中国农产品国际贸易与要素禀赋特征之间的联系进行了研究。他的研究表明：虽然政策干预对自由贸易的扭曲一直存在，但随着中国改革开放以来市场日趋开放与自由，中国农产品国际贸易模式的变化越来越符合中国的要素禀赋特征。即中国主要出口劳动密集型农产品，主要进口土地密集型农产品，且这种趋势越来越明显②。

Samarendu Mohanty，Cheng Fang 和 Jagadanand Chaudhary（2002）利用 PAM 模型评价了印度棉花生产的竞争力。他们利用 PAM 模型评价了印度五大棉区的棉花以及与棉花争地的其他作物如谷物、甘蔗与花生的生产效率，并对棉花比较优势进行了敏感性分析。

Choudhri，Ehsan U. 和 Schembri，Lawrence L. 于 2002 年研究了生产率与棉花国际竞争力之间的关系。

二、国内研究现状

面对加入 WTO 与经济全球化的现实，许多国内学者对中国棉花国际竞争力进行了研究。但是，总体来看，相对于中国工业竞争力的研究而言，对中国棉花竞争力问题的专项研究较少，而且研究多集中在产品层面，缺乏对整个棉花产业的系统分析。从研究方法上看，多以定性分析与规范分析为主，定量分析与实证分析相对较少。

综合来看，我国国内学者对棉花的国际竞争力的研究主要集中在以下几个方面：

1. 从比较优势角度对棉花竞争力的分析

许多学者认为，比较优势指标是衡量中国农业国际竞争力的重要指标，因而

---

① 即把产品分成“农业产品”“其他主要产品”与“工业产品”，参见 Colin A. Carter，Xianghong Li（1999），“Economic reform and the changing pattern of China's agricultural trade”，Department of Agricultural & Resource Economics，UCD ARE Working Paper，Paper 99－003.

② 参见 1. Kevin Z. Chen（2000），“The changing pattern of China's agricultural trade”，Current Agriculture，Food & Resources Issues，36－45. 2. Kevin Z. Chen，Lian Xu，Yufeng Duan（2000），“Ex-post competitiveness of China's export in agri-food products：1980－1996”，Agribusiness，vol. 16，no. 3，281－294.

在研究农产品国际竞争力的实践中，显性比较优势指数和贸易竞争指数被较多地采用。

吕为为（1993）用出口实绩比率测算法，评价了 1981～1992 年中国主要农业制成品的比较优势情况。他认为，在农业制成品中，中国的茶叶、蔬菜、水果制品、大米、饲料、羊毛等农产品具有比较优势和竞争力；而动物油脂、咖啡及代用品、小麦粉、乳制品等产品具有比较劣势。

牛宝俊、姚长春、刘克刚（1996）运用显性比较优势指标方法分析了1980～1991 年中国主要农产品的比较优势，认为中国农产品比较优势总体上呈下降趋势。

周孝味（1996）在《农产品国际竞争力研究》中，采用灰色层次分析法，对农产品国际竞争力进行了分析与评价，在国内首次将农产品国际竞争力分解为价格、质量、品牌、销售、包装设计竞争力及其评价指标几个层次，并将技术竞争力作为总体竞争力函数的变量导入分析，这样的分析理论上是可行的，但评价指标数据的较难获取可能使该方法的推广造成困难。

北京大学中国经济研究中心卢锋教授（1997，2001，2003）在对中国农产品的贸易结构进行分析时，认为过去二十多年里，虽然没有人为与刻意安排，但是中国农产品进出口贸易结构的变动符合中国资源禀赋的特点。在对我国 SITC 两位数的农产品的市场份额、贸易结构、生产成本进行分析后，他认为我国部分农产品，如肉类、水产品、水果等的国际竞争力在高工业化时期得到加强。而且，其研究认为，我国农产品贸易模式的变化及其经济合理性，为我国的食物政策提供了所谓的“第三种选择”。①

《世界贸易组织框架下我国农业发展对策研究》课题组（1997）从价格优势分析角度对我国农业比较优势格局做出了结论：“在 WTO 框架下，我国粮食、棉花、羊毛、奶类已不具备竞争优势，油料、糖料、水果、水产品、肉类具有贸易竞争优势。”②

陈武（1997）在《比较优势与中国农业经济国际化》一书中，用显性比较优势指数对中国经济比较优势进行了分析，发现在中国经济结构中，农业（资源密集型产业）比较优势在下降，并由净出口国变成净进口国。个别农产品，如豆

---

① “第三种选择”即重新检讨传统谷物自给自足的方针，逐步放松对谷物贸易的行政干预和控制，并以市场化改革和相关政策手段促进我国具有优势的农产品的出口，发展以食物换食物的粮食生产和贸易模式，参见卢锋．比较优势与食物贸易结构——我国粮食贸易调整的第三种选择．经济研究，1997（2）：3－11。

② 参见世界贸易组织框架下我国农业发作对策研究课题组（1997）的《世界贸易组织框架下我国农业发展对策研究》。

类、食糖、菜籽油、蓖麻油、鱼和渔类产品的比较优势上升，天然蜂蜜、肉及肉制品、脱脂羊毛、鲜肉冷冻肉等畜牧产品也具有比较优势。《中国国际竞争力发展报告》显示，我国农业产业国际竞争力中等偏下，主张提高具有比较优势的畜牧业的比重以提高农业国际竞争力。

中国农科院农产品国际贸易中心的程国强（1999，2001）较好地研究了中国农产品的国际竞争力。他是从进出口表现和国内资源成本两条曲线来分析中国农产品的竞争力。其研究表明，在贸易表现方面，我国农产品外汇收入的90%以上来自非粮食产品，其中包括经济作物产品、园艺产品和畜牧产品。中国农产品的主要出口市场是亚洲和欧洲，占总出口值的80%以上；主要进口市场是北美和亚洲，占总进口值的50%以上，出口市场的集中程度比进口高。中国农产品国际贸易最大的顺差来自亚洲，虽然这个市场近年来有萎缩的迹象，最大的逆差来自北美。农产品当中最具有出口优势的是中间产品和消费者导向产品，两者都是劳动密集型的；进口最多的依次是大宗农产品（占进口的48%，为土地密集型农产品），消费者导向农产品（占30%）和中间产品（占20%）。这项研究采用了比较优势度①、国内资源成本系数（DRCC）②、社会净效益（Net Social Profit，NSPj）③、有效保护率（Effective Rate of Protection，ERPj）④ 等指数对中国主要农产品的比较优势和地区优势进行了分析，认为中国在糖料、园艺产品、畜产品、烤烟、大米等产品上具有比较优势，而油菜籽、棉花、小麦、玉米则不具备国际竞争力。另外，有些产品因为受到政策保护，在WTO市场开放后可能会出现竞争力下降，这些产品包括大豆、油菜、生猪和棉花。而甘蔗、苹果、烤烟等产品由于受到负保护，因此加入WTO后其竞争力会有所上升。

---

① 比较优势度是国内资源成本系数的变形，等于1与国内资源成本系数（DRCC）的差额，以此来衡量农产品生产的有利或不利程度。

② DRCC反映的是在生产要素、劳务和产品能在各国间自由流动时，一国生产农产品为获取一单位影子收入需投入多少单位的成本。如果DRCC<1，则表明该农产品生产产出大于投入，该农产品具有国际竞争力；如果DRCC>1，则表明农产品生产产出小于投入，缺乏国际竞争力。如果DRCC=1，则表明该农产品产出等于投入，处于国际竞争力的平衡点。

③ 社会净效益表示一国充分利用国际国内资源从事j类农产品生产活动所获取的收益。如果NSPj>0，则该国j产品生产有利可图，资源配置具有一定效率，从国际分工的角度看该国适合发展j产品生产；如果NSPj<0，则该国j产品生产无利可图，资源配置缺乏效率，应尽量减少或放弃j产品生产；如果NSPj=0，则该国j产品生产处于利益平衡点，资源配置效率为0，可视情况发展j产品生产。

④ 由于农业保护的普遍存在，部分农产品的比较优势可能会因生产与贸易扭曲而失真，可利用有效保护率（ERPj）来分析农产品生产的潜在比较优势。如果ERPj>0，表明j产品受到正保护，其现有国际竞争力高于潜在国际竞争力；如果ERPj<0，表明j产品受到负保护，其现有国际竞争力低于潜在国际竞争力；如果ERPj=0，表明政策措施对j产品没有正面或负面效果，其比较优势得到真实反映。

刘晓松（2002）将中国棉花的单产、质量、种植规模、价格、生产成本和得到的政策支持几个方面与世界其他产棉国进行对比，认为我国加入 WTO 后，国内棉花因其价格相对较高，市场竞争力较弱，处于劣势地位。

罗英姿（2002）对中国棉花比较优势及国际竞争力进行了实证分析，研究表明，1991～1998 年，中国棉花有一定的比较优势，但其国际竞争力较低。1999～2000 年中国棉花已经丧失了比较优势，完全处于劣势地位，但仍有微弱的国际竞争力。

何循宏等（2003）分析了我国棉花的品质竞争力和价格竞争力，指出针对生产中影响棉花市场竞争力的主要问题，必须围绕“优质、高效和可持续发展”加强棉花创新研究。

罗英姿等（2002）采用比较优势测定方法，并结合区域比较优势，定量评估了我国棉花产业比较优势的变动情况，认为：其一，1998 年以前，我国棉花产业在国际市场上一直具有较弱的比较优势，1999 年以后，这种比较优势已完全丧失，棉花产业处于劣势地位。其二，不同棉区之间棉花生产的比较优势存在较大差异。在棉花生产上具有综合优势的省区有河北、山东、河南、新疆、安徽和湖北等，其中新疆兼具生产效率优势和规模优势。就我国三大棉区来说，新疆棉区是我国最具比较优势的地区，其次是黄河流域棉区、长江流域棉区，在 1999～2000 年长江流域棉花生产的比较优势下降较明显。其三，提高我国棉花生产比较优势的关键在于降低生产成本。棉花产区除了要大力减轻农民负担外，还应扩大棉花生产的经营规模，扩大转基因棉花的种植面积，以降低棉花单位产品中的生产成本。

盛承发等（2002）基于不同省区不同农作物的效益比较，对新疆棉花的比较优势做出进一步研究，用指标数据说明新疆中绒棉的种植优势是存在的，新疆长绒棉的优势更大。

张淑荣等（2006）计算了中国棉花的国际市场占有率、贸易竞争指数、显示性比较优势指数，认为加入 WTO 后中国的棉花国际竞争力较弱，而且有逐年递减的趋势，到 2005 年几乎失去了国际竞争力。

张海清（2007）通过各棉花产区的生态条件、全国三大棉区成本收益、各产棉省区的综合比较优势系数的对比，来研究我国各棉产区的比较优势。王晓蜀（2004）从生产效率、生产规模、质量和成本四个方面探讨了新疆棉花的优势。

竞争力评价指标体系的构建是国际竞争力研究的重要基础工作。刘从九等（2004）在这一方面做了初步的探索，尝试建立了一套评价我国棉花产业国际竞争力的指标体系。该体系主要围绕棉花生产、流通和纺织三个环节构建，并在具体的设计过程中均从竞争力“资产”和竞争力“过程”两个方面加以一定的区分。在生产环节，结合棉花的农业生产特性，从棉花的生产过程和棉花自身特点两个方面进行竞争力指标体系的设计。在棉花流通环节，分别从流通规模、流通效率、流通组织和流通环境等方面进行棉花产业竞争力指标的设计。在棉纺织环节，通过对 WEF 和 IMD 提出的影响产业国际竞争力的八大要素及其 290 个指标进行筛选，并结合棉纺织业的行业特点，对我国棉纺织业国际竞争力评价指标体系进行了初步探讨。

对不同省区棉花产业竞争力进行研究是已有的相关研究文献中最主要的部分，其中包括对新疆、河南、湖北、江苏、湖南农垦和新疆兵团等区域的棉花竞争力的研究。具有代表性的观点如下：程云洁（2006）分析了新疆棉花国际市场占有率、资源禀赋比较优势等相关指标，指出新疆棉花不仅拥有比较优势，同时还具有竞争优势。李辉（2006）以迈克尔·波特提出的“钻石模型”为基本框架，分析了新疆棉花国际竞争力。指出新疆具有自然条件优越、棉花单产水平高、经济效益好等优势，但也面临如何将新疆棉花在国内已具备的竞争优势转化为国际竞争优势的问题，并从棉花质量、技术措施、营销战略等方面对新疆棉花竞争力的提高进行了有益的探讨。李红（2007）等通过对新疆棉花生产的效率、成本、品质、规模、地区优势这几个方面的国内、国际比较，揭示新疆棉花生产的优势和存在的不足。认为新疆应采取以下对策提高棉花生产的竞争优势：①发展适度规模经营；②推行机械化高产棉区；③加大科技投入；④提高加工质量。宋玉兰等（2006）运用产业经济学的 SCP 分析方法，对新疆棉花产业集群中的原棉生产环节、棉花加工环节的市场结构、市场行为以及市场绩效进行了分析。

研究者对提高我国棉花产业竞争力提出了许多对策建议，大体上可分成三大类。

（1）在技术方面的对策。张兴中（2004）认为，重视种质创新，加强棉种研究力度，是提高湖北棉花竞争力的根本途径。范小建（2006）提出了提高棉花产业竞争力的八大技术：①转基因抗虫棉及其配套技术推广；②杂交棉及其配套技术推广；③高质棉及其配套技术应用；④超早熟短季棉及其配套技术试验示范；⑤清简栽培技术的深化研究和示范；⑥膜下滴灌及其配套技术应用；⑦高密度栽培模式的完善与应用；⑧枯黄萎病技术的深化研究。

（2）在制度方面的对策。孙天曙等（2006）建议：①加大棉花产业扶持；②实施棉花良种补贴；③加大棉花市场监管力度，以提高江苏棉花竞争力。罗英姿等（2002）建议：①调整政策重点，加大对棉花生产、科研、基础设施等方面的支持力度，增强我国棉花单位产品成本的竞争力。②建立棉花质量保障体系，国家棉花标准与国际棉花标准要进一步接轨，实行优质优价。③加快棉花生产经营组织的发育和完善。李辉（2006）认为提高棉花产业竞争力的措施包括：①促进棉花出口在棉花经济战略中地位的转变；②加快棉花的信息网络化建设培育和完善棉花市场体系、建立内外贸一体化的棉花流通体制。李巧玲等（2006）提出：①积极调整棉花品种结构以及区域格局；②建立土地流转机制实现棉花适度规模经营；③完善棉花市场体系。

此外，还有部分学者提出了棉花企业经营方面的对策。这方面的建议包括改变市场营销观念，主动开展国际市场营销活动加强品牌建设等。

陈旭涌（2010）在波特模型的理论框架下，从生产要素、需求条件、支持产业与相关产业、政府作用、机遇作用及企业战略、结构与竞争 6 个方面出发，分析了新疆棉花产业竞争力存在的优势和劣势。

李豫新、付金存（2011）以兵团为研究对象，利用修正的显示性比较优势（RCAP）指数，对其产业链中棉花、纱、布和服装 4 个生产环节的竞争力进行了实证分析。其研究结果表明，兵团在棉花生产和纺纱等低端环节显示出极强的竞争力，而在布匹制造和服装生产等中、高端环节则处于相对劣势地位。据此，他们从发展纺织龙头企业、开拓民族特色服装产业、优化产业链结构三个方面，提出了提升兵团棉花产业竞争力的政策建议。

李勤昌、昌敏（2011）对我国棉花产业的现状、问题以及面临的新国际环境进行了分析，提出了提升我国棉花产业国际竞争力的路径选择建议。

张淑荣、兰德平（2012）以 1990～2009 年数据为基础，对我国棉花进出口发展特征进行分析，并测算出棉花主产国和消费国的贸易竞争力指数（TC）、国际市场占有率（MS）和国际比较优势指数（RCA），对我国棉花国际竞争力水平进行分析。分析表明，加入 WTO 前我国棉花进出口规模较小；加入 WTO 后我国为棉花净进口大国，进口来源国集中且较稳定；我国棉花几乎不具有国际竞争力。

刘妍、王印华、卢秀茹（2013）选取了常年存在棉花出口的天津、辽宁、上海、山东和新疆五大省区市为研究对象，运用国际市场占有率指数、显示性比较优势指数、贸易竞争力指数、出口优势变差指数、外贸依存度和出口贡献率 6 项指标，采用因子分析法来衡量各地棉花出口竞争力，并根据研究结果提出了简要的对策和建议。

卢秀茹、焦晓松、刘妍（2013）研究了河北棉花产业供给、需求、效率和竞争力，通过一系列计量分析得出结论，河北棉花产量居前，但国际竞争力很弱。提出棉花产业发展战略，明确河北棉花产业定位及产业政策，旨在为河北省政府决策，涉棉部门调整结构提供参考与指导，更好地发挥河北人力、资源优势。

2014 年国家取消了棉花临时收储政策，在新疆实施棉花目标价格试点政策，2015 年又在内地主要产棉区实施棉花种植补贴，标志着国家对棉花产业进行了重新定位。陈雪梅、李维江、董合忠（2015）分析了在这一大背景下山东棉花生产面临的困境和机遇，提出了提高棉花竞争力水平的对策措施。

阿孜古力·艾山（2016）认为，新疆是我国重要的棉花产区，其棉花产量在整个行业中首屈一指，但仍存在一些问题。他提出了加大科技和基层设施的覆盖面、发展棉花产业集群和强化国家储备棉花的收购 3 个举措，来实现提高新疆棉花产业竞争力的目的。

2. 对棉花的成本与价格的分析

彭廷军、程国强（2001）在《中国农产品的比较优势》一文中，运用比较优势指数、国内资源成本系数分析了中国农产品的比较优势，得到的结论是：①除小麦外，中国粮、棉、油料等农产品的国际竞争力从 1995 年开始下降。1990 ~ 1994 年中国农产品的比较优势和社会净收益基本为正值，但 1995 年以来，稻谷、玉米、棉花、大豆、油菜籽等农产品的比较优势度和社会净收益出现了一定程度的下降。到 1997 年，稻谷、玉米、棉花、大豆、油菜籽比较优势度和社会净收益已明显下降，其中玉米、棉花、大豆、油菜籽已趋于缺乏国际竞争力。这客观地反映出 20 世纪 90 年代以来，中国农产品的比较优势已由土地密集型产品转移到劳动密集型产品上来。②目前中国大部分农产品的现有国际竞争力高于其潜在国际竞争力。目前大部分农产品的国际竞争力被拔高，减少农业保护将使农产品生产和贸易在一定程度上受到冲击。③国内资源机会成本上升是导致中国农产品比较优势下降的主要原因。中国农业生产资料价格上涨，与农产品国内市场价格接近并超过国际市场价格的事实相符。

国家计委宏观经济研究课题组（2002）从加入 WTO 前后价格变化的可能性，对我国主要农产品在市场开放后的竞争力情况作出了预测。该研究认为，在加入 WTO 之前，国产小麦、玉米、大米、棉花、食糖价格已经大幅度下降，下降的幅度达到了在国内市场上对进口产品有竞争力的水平。国内、国际市场出现了一种国外产品难以进口、国内产品难以出口或难以增加出口的相对均衡的局面。因此，该研究建议中国充分考虑 WTO 有关协议。在一定范围内，国家仍可调控国内农产品价格，但调控的难度和代价会增加。加入 WTO 增加了国内价格受冲击的可能性，但也保留了控制冲击的手段。

祁春节和谭砚文（2003）从棉花生产成本角度对中国棉花与美国棉花的生产成本进行了对比，分析了中国棉花的国际竞争力，结果表明，我国棉花的生产具有微弱的成本优势。李辉（2006）利用生产成本等因素，分析得出新疆棉花生产具有极大的竞争优势。

中国科学院农业政策研究中心黄季琨、马恒运（1999，2000，2003）主要从生产成本和价格的角度对中国大宗农产品、畜牧产品、水果蔬菜这三类农产品的竞争力情况做出了判断。他们以农产品价格作为价格竞争的体现物，并认为价格是由生产成本和流通费用两部分构成，其中前者是竞争力产生差异的主要原因，后者反映体制对价格竞争力的影响。其研究认为，中国在猪肉、鸡肉、水果、蔬菜等产品上具有价格竞争力，而在大宗农产品上不具备价格竞争力。大宗作物的价格劣势主要来自：①由于劳动投入量太大造成的活劳动费用太高而难以降低；②我国农业特有的成本外开支大约占了生产成本的10%，这就不可避免地提高了生产者价格，而发达国家农业生产者不仅没有这项负担，反而能获得一定的生产者补贴；③如果考虑到土地机会成本的存在，中国大宗农产品的生产成本可能会更高；④流通不畅、流通费用较高也是抬高价格的重要因素之一。中国农产品生产者出售价格与市场批发价格之间的差异占生产者价格的百分比，分不同的产品在10%～30%之间，其中棉花和玉米的中间价格损失最大。中国的畜牧产品在价格上有明显的竞争力，而且这种价格优势是在高成本饲料粮的基础上实现的，因为我国玉米的国内市场价格比国际市场高出20%～30%，所以畜牧产品在价格上仍有潜力可以发挥。

张灿（2010）认为，我国棉花产业发展现状不容乐观，一是国产棉花供需失衡。我国常年棉花需求达1000万吨左右，国产棉花自给率连年不足70%，仍须依靠进口满足需求。二是质量水平持续不前。特别是与进口棉花相比，国产棉花异性纤维含量偏高，每吨含量5～15克，大多超过每吨0.8克的最高限量标准；纤维整齐度差，混等混级严重，不能完全满足纺织工业的需求。三是受现行土地政策的限制，生产规模小，效益低，抗风险能力差。

国内学者大多通过构造理论模型或计量经济模型对影响棉花国际竞争力的因素进行实证研究，常用的方法和模型主要为钻石模型、贸易引力模型、线性回归模型、SWOT方法以及它们之间的组合。

3. 主张从多角度分析研究棉花国际竞争力

随着中国农业逐渐融入世界农产品市场，越来越多的国内学者认识到单纯依靠比较优势发展农业已经不够，要通过多种途径提升农业的国际竞争力。因此，学者们开始从多角度分析研究棉花的国际竞争力。例如，用以进出口数据为基础的市场占有率指标反映棉花国际竞争力的现实状况，用生产者价格指数时间序列的比较测量棉花的价格竞争力，用品种结构、质量安全、生产规模、加工程度等指标的国际比较说明棉花非价格竞争力情况。

李杏、施国庆（2004）运用显性比较优势指数等分析了我国主要农产品的出口竞争力，认为土地密集型农产品已基本失去比较优势因而不再具有竞争力，劳动密集型农产品则依然具有竞争力，因此他们主张我国应加强对农业的支持与保护力度，加快产业结构调整。

王群超（2013）在前人研究基础上构建了棉花产业安全模型，对 2005 ~ 2006 年以来的棉花产业安全状况进行定量分析，计算了历年棉花产业安全度。文章分析得出棉花 2005 ~ 2006 年以来，除了 2006 ~ 2007 年和 2007 ~ 2008 年棉花产业处于基本安全状态，其余年度棉花产业安全均处于不安全状态。且 2009 ~ 2010 年以来棉花产业不安全程度加深。文章紧接着从内因和外因两个角度分析造成棉花产业不安全的原因，同时指出中国棉花产业竞争力不足是棉花产业不安全的内因，也是棉花产业不安全的根本原因。进而运用钻石模型对影响中国棉花产业竞争力的深层次原因进行探讨。最后，文章在前文分析的基础上就如何提高中国棉花产业安全提出了相关建议。

葛秋颖、曹冲（2015）运用 CMS 模型，利用 1992 ~ 2012 年时间序列相关数据，对中国棉花进口增长因素进行实证分析。研究发现，在稳定阶段，竞争力效应和结构效应对中国棉花进口增长起推动作用，结构与竞争力交互效应起相反作用；在增长阶段，竞争力效应、结构效应、结构与竞争力交互效应共同促进了中国棉花进口的增加；在衰退阶段，结构效应拉动增长，竞争力效应和结构与竞争力交互效应共同抑制进口，并且效果明显大于结构效应；在回升阶段，强势的竞争力效应、结构效应、结构与竞争力交互效应共同促进进口贸易。

棉花经营的集约化与产业化发展是我国棉花行业提升国际竞争力的必经之路，棉花合作社是促进我国棉花产业化发展的有效途径，棉花合作社有一次返利和二次返利两种运营模式，不同的运营模式对棉花合作社的收益分配有着不同的影响。郭继超（2017）认为，我国的棉花合作社正在探讨着如何转型为二次返利的运营模式从而使收益分配合理化，以促进我国棉花合作社的健康发展。

4. 国内研究的局限

从以上对中国国内棉花领域国际竞争力研究的分析来看，国内相关研究的主要特点是：

（1）理论上基本以传统贸易理论的比较优势理论为基础；（2）紧密结合中国加入世贸组织这一重大事件及其带来的市场开放对中国棉花贸易与棉花产业的影响进行分析。

对比国际上这一问题的研究现状，国内对于棉花竞争力的实证研究还存在以下局限：

（1）理论体系有待完善。比较优势理论应用较多，竞争优势理论应用较少。应结合中国实际，综合比较优势和竞争优势理论构建中国棉花国际竞争力理论体系，并对棉花国际竞争力形成的深层机制进行深入研究。（2）国际比较研究较为零散。多数文献仅选择美国作为中国棉花国际竞争力的比较对象。应建立评价指标体系，选择多个国际比较对象，对中国棉花竞争力进行系统研究。（3）对棉花国际竞争力的深层形成机制研究较少。提高中国棉花国际竞争力的对策建议很多，但对棉花国际竞争力形成的深层机制缺乏深入研究，这至少是不完整或是不严谨的。

基于以上分析，本书想要做到的是：在引进和梳理国外最新发展的国际竞争力理论的基础上，为中国棉花国际竞争力的研究提出一个系统的分析框架和实证平台，并在所掌握数据和精力允许的范围内应用这一理论分析框架对中国棉花国际竞争力进行量化的实证测定，为推动国际竞争力的一般理论在棉花领域的应用尽绵薄之力。

第三节　研究方法与结构安排

本节将具体介绍本书的主要研究思路、研究方法、预期的创新点以及结构安排。

一、基本思路

1. 比较优势、竞争优势与棉花国际竞争力

比较优势理论源于解释国际贸易原因和贸易利益的主导理论，经历了从古典贸易模型到新古典贸易模型的发展，已形成较为完善的体系。由于比较优势理论假设条件不完全符合现实，而且囿于精微的研究，因此逻辑推理上很完美的比较优势理论在现实中遇到了很多困难。例如，它不能解决产业结构低度化、出口附加值低等问题，不能消除发展中国家贸易条件恶化和贫困化增长的现象。如前所述，国内对棉花国际竞争力的研究多倾向于棉花产品比较优势的分析，因而无法解释以下几种代表性问题：（1）完全按照机会成本的大小进行国际交换的结果是棉花产业长期陷入低附加值环节，贸易条件恶化。（2）完全按照动态比较优势提升产业结构的结果是虽然有可能进入高附加值环节，但主要依赖于发达国家的技术进步，自我创新和发展能力有限，不能从根本上改变贫困化增长的状况。（3）传统比较优势逐步丧失的现实，高新技术的采用使欧美等发达国家以低价将大量过剩棉花产品推向国际市场，中国棉花产品比较优势与发达国家相比呈下降趋势。

综上所述，棉花产业中比较优势与竞争优势之间既有联系又有区别。（1）棉花比较优势是建立在完全竞争、不存在规模经济的条件下，而竞争优势充分考虑了需求条件、竞争状况和相关产业的影响，更加贴近现实。（2）棉花比较优势是在生产过程中形成的低成本优势，主要与土地、劳动力、资本、自然资源等基本生产要素有关，仅是构成竞争优势的一部分；而棉花竞争优势不仅与基本生产要素有关，更与棉花产业组织与制度、产品品牌与营销能力、技术进步和政策支持等高级要素相关。（3）竞争优势理论主张天生的禀赋仅是影响一国竞争优势的要素条件中的低级要素，更重要的是培养高级要素和特定化要素，因此国家要通过干预政策来提升棉花的国际竞争力；比较优势理论则反对任何形式的政府干预。（4）竞争优势理论主张产业政策应该注重提高其国际竞争力，重点扶持具有潜在竞争优势且对其他产业有显著带动作用的产业，尽管这些产业目前并不具有比较优势，但却是具有外部经济效应的产业。

2. 比较优势与竞争优势相结合：中国棉花国际竞争力的分析框架

一般认为，建立在完全竞争和规模报酬不变基础上的比较优势理论能解释产业间分工，而基于不完全竞争和规模经济条件下的竞争优势理论可解释产业内国际分工。国内理论界就此展开了比较优势和竞争优势的争论，林毅夫等就指出，对比较优势与竞争优势关系的错误认识对国家（或地区）经济发展路径的选择具有潜在的危害性。棉花国际竞争力的分析也有把两者割裂开来，甚至用竞争优势取代比较优势论点的情况，因此有必要研究棉花国际竞争力的理论分析框架，以探求获取棉花国际竞争力的现实途径。

迈克尔·波特的国家竞争优势理论认为，竞争力的强弱取决于如何主动培育和创造竞争优势。因而，从理论和实践的结合上研究经济全球化背景下棉花国际竞争力问题已是当务之急。实际上，国家竞争优势理论的“钻石模型”的四个侧面，已把不同国家不同产业的比较优势和不同国家同一产业的市场竞争优势有机地综合在一起。不仅继承了自然禀赋产生比较优势的观点，而且揭示了非自然禀赋产生比较优势的可能性和现实性，进一步扩展了比较优势理论。随着科学技术的发展和棉花的专业化、规模化经营，尤其是政府行为的干预，导致现实的国际农产品市场已偏离了完全竞争。因此，竞争优势理论实质上并未脱离比较优势的理论框架，仅用比较优势或竞争优势解释国际竞争力都难免有失偏颇，都将会误导理论对实践的指导作用。

因此，本书把比较优势和竞争优势结合起来，考虑到棉花产业的特殊性，必须强调政府及其他因素的影响力，由此建立一个拓展了的棉花国际竞争力分析框架。这个框架可简单表述为：在不完全竞争和规模经济条件下，价格竞争优势决定中国棉花产品的比较优势，非价格竞争优势决定棉花产业的国际竞争力。在政府的推动下，竞争优势和比较优势的有机结合共同决定农业的国际竞争力水平。

本书对于中国棉花国际竞争力的分析框架见图 1.1。需要说明的是，对中国棉花产品国际竞争力的分析之所以单独放在第五章，是因为从比较优势指标本身的大小就可以判断棉花产品是否具有国际竞争力。而对棉花产业国际竞争力的衡量则涉及众多指标，且计算结果本身的大小不能直接用来判断棉花国际竞争力的强弱。所以只能在第六章采用综合分析与国际比较的办法来衡量。

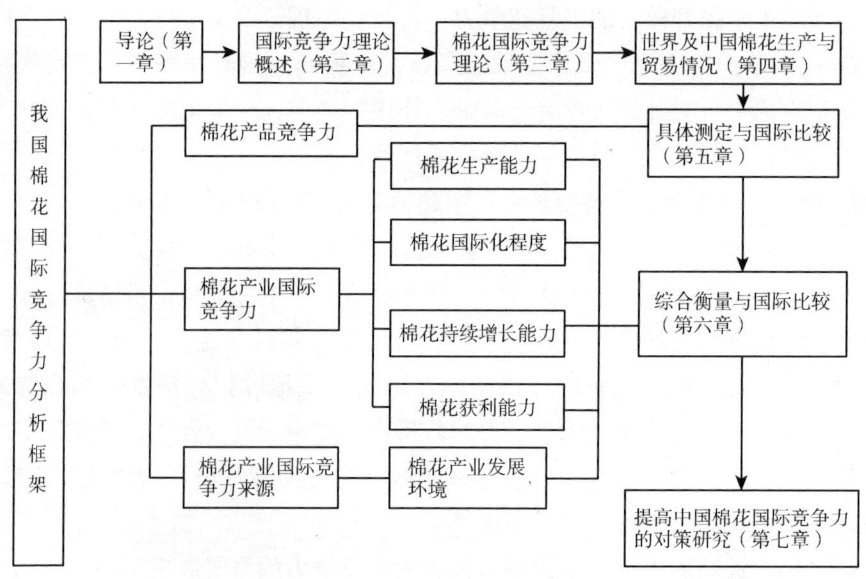

图 1.1　本书的分析框架

二、指导理论与研究方法

1. 指导理论

本书研究的是当代国际经济学的一个前沿问题，即棉花国际竞争力问题，并在此基础上研究我国棉花国际竞争力与其影响因素之间的关系。专题研究中国棉花国际竞争力，对促进棉花产品技术进步，指导中国棉花产品国际贸易实践，明确中国棉花产品国际分工，实现中国棉花产业的可持续发展等意义重大。

本书坚持马克思主义的辩证唯物主义和历史唯物主义，运用国际经济学、国际贸易、产业经济学等学科的相关理论，着眼于国际竞争力的产品竞争力与产业竞争力层次，构建了棉花国际竞争力的研究框架。然后，运用该理论框架，从比较优势角度对中国棉花产品的国际竞争力进行了分析；并对中国棉花产业的国际竞争力的现实情况进行了综合分析与评价。在实证分析的基础上，以影响中国棉花国际竞争力的主要因素为研究对象，提出了提升中国棉花国际竞争力的对策，即需要提高中国棉花技术创新水平，加大我国政府对棉花产业的支持力度和提高棉农素质等。

2. 研究方法

本书在对西方国际竞争力理论进行“扬弃”的基础上，采用实证分析与规范分析相结合、定性分析与定量分析相结合、具体分析与抽象分析相结合，立足于加入世贸组织后中国农业发展和农产品贸易的现实，凭借数学、统计学和计量经济学等方法，构建理论分析模型，对中国棉花国际竞争力进行系统分析。具体来说，将采用以下研究方法：

（1）相关理论借鉴与引申相结合。笔者查阅了国内外许多著名学术网站和经济学家个人主页上有关国际竞争力的大量理论文献，同时参阅众多相关书刊、杂志上关于国际竞争力的最新理论文献，借鉴其中的部分理论研究成果，并在此基础上做进一步探讨和引申，以期运用比较完整的国际竞争力理论来实证研究中国的棉花国际竞争力问题。

（2）理论分析、实证分析与规范分析相结合。本书在对国际竞争力理论进行基本介绍的基础上，借鉴该理论中的相关模型来衡量中国棉花国际竞争力的现实情况，并在实证研究的基础上提出可行性对策，以期为我国棉花技术创新等各种发展政策的实施提供理论依据。

（3）具体分析与抽象分析相结合。本书在中国加入世贸组织现实背景下来研究中国棉花的国际竞争力问题，测度中国棉花产品与棉花产业国际竞争力情况及其决定因素的影响力度。

（4）数学、统计学和计量经济学方法相结合。本书需要整理和处理大量的统计数据，并且需要运用到数学和计量经济学的方法来对中国棉花国际竞争力进行定量分析。

第二章　国际竞争力理论概述

国际竞争力研究是随着生产力的发展，人类对国际竞争、国际分工、国际贸易等经济现象认识的不断深入而逐步发展起来的。20 世纪下半叶以来，国际竞争力研究的进程十分迅速，国际竞争力的内涵和外延不断扩大，理论体系也日趋完善。

第一节　国际竞争力的理论内涵

国际竞争力是一个综合而又复杂的概念。随着生产力的发展和科学技术的进步，国际竞争力的内涵和外延都发生了很大变化，逐渐成为多层次、多角度的概念。

一、国内外关于国际竞争力的定义

国际竞争力的内涵较为复杂，目前学术界尚未形成统一的认识。

美国《关于国际竞争能力的总统委员会报告》指出："国际竞争力是在自由良好的市场条件下，能够在国际市场上提供好的产品、好的服务的同时，又能提高本国人民生活水平的能力"。①

世界经济论坛（World Economic Forum，WEF）提出，竞争力是指企业主目前和未来在各自的环境中以比他们在国内和国外的竞争更具吸引力的价格和质量来进行设计、生产并销售货物以及提供服务的能力和机会。

经合组织（OECD）在《科技、技术与竞争能力》报告中指出：国家经济的

---

①　参见国家体改委经济体制改革研究院、中国人民大学、综合开发研究院联合研究组的《中国国际竞争力发展报告》(1996)、(1997)、(1999)，中国人民大学出版社，1997 年、1998 年、1999 年。

国际竞争能力是建立在国内从事外贸企业的竞争能力之上的，但是又远非国内企业竞争能力的简单累加或平均的结果①。

原世界经济论坛常务理事长葛瑞里教授认为，国际竞争能力是指企业和企业家设计、生产和销售产品和劳务的能力，其产品和劳务的价格和非价格的质量等特性比竞争对手具有更大的市场吸引力②。这种能力既产生于企业自身的管理和效率，又受国内、国外和部门与行业环境的影响。实际上，国际竞争力也就是企业和企业家在适应、协调和驾驭外部环境的过程中成功地从事经营活动的能力。

瑞士洛桑国际管理开发学院（International Institute for Management and Development，IMD）指出，国际竞争力是指一国创造增加值从而积累国民财富的能力，并且通过协调如下四对关系而实现其国际竞争力。这四对关系是：资产与过程、引进吸收能力与输出扩张能力、全球经济活动与国内家园式经济活动、经济发展与社会发展。

迈克尔·波特在《竞争战略》中认为，“一个产业的竞争状态取决于五种基本竞争力量……，这些力量汇集起来决定着该产业的最终利润潜力。”③ 即产业竞争力与产业的最终利润潜力或产业利润率是相一致的。

中国社科院工业经济研究所课题组在《中国工业国际竞争力》中认为，“国际竞争力归根结底就是各国产业或同类企业之间相互比较的生产力。从一国特定产业参与国际市场竞争的角度看，特定产业的国际竞争力就是该产业相对于外国竞争对手的生产力的高低。”据此，他们把产业国际竞争力定义为：“在国家间自由贸易条件下（或在排除了贸易壁垒因素的假设条件下），一国特定产业以其相对于他国的更高生产力，向国际市场提供符合消费者（包括生产性消费者）或购买者需求的更多产品，并持续地获得盈利的能力。”④

樊纲（1998）指出：“竞争力指的是一国产品在国际市场上所处的地位……最终可以理解为‘成本’概念，即如何能以较低的成本提供同等质量的产品，或者，以同样的成本提供质量更高的产品。”⑤

---

① 参见 OECD (1998), Globalization of Industrial R&D: Policy Implications, Working Group on Innovation and Technology Policy, June 1998.

② 参见 Gray, M., E. Golob, and A. Markusen (1996), Big firms, long arms, wide shoulder: The “Hub-and-Spoke” industrial district in the Seattle region. Regional Studies 30: 651 - 666.

③ 参见迈克尔·波特（2001），《竞争战略》，华夏出版社，2001 年。

④ 参见中国社会科学院工业研究所（2002），《中国工业发展报告》（2002 年），经济管理出版社，2002 年。

⑤ 参见樊纲（1998），“论竞争力”，《管理世界》，1998 年第 3 期。

二、本书对国际竞争力的认识

综合上述分析发现，目前国内外理论界对“国际竞争力”的定义不一。各种定义尽管存在差异，但大多只是强调的角度有所不同，其基本的含义是一致的，归纳起来主要有以下几种定义。

第一种定义较为强调生产力的比较，认为国际竞争的实质就是生产力的竞争，国际竞争力的核心就是生产力的高低。因此，产业国际竞争力实质可以定义为：在国家间自由贸易条件下（或在排除了贸易壁垒因素的假设条件下），一国特定产业以其相对于他国的更高生产力，向国际市场提供符合消费者（包括生产性的消费者）或购买者需求的更多的产品，并持续地获得盈利的能力。

第二种定义强调了产业的有效供给能力。产业国际竞争力就是某一产业在区域之间的竞争中，在合理、公正的市场条件下，能提供有效产品和服务的能力。所谓有效产品和服务必须符合如下条件：首先，这些产品和服务必须能被市场所接受；其次，它与市场上其他产品和服务是有区别的；最后，它还必须是区域内部该产业现有的生产能力所能承担的。因而，产业国际竞争力是产业的供给能力、价格能力和投资盈利能力的综合。

第三种定义侧重于国际竞争的市场条件。此定义认为“自由和公平的市场条件”是各国比较产业国际竞争力的前提条件，因为现在各国之间的贸易壁垒还没有完全拆除，国家对各产业的扶持力度也不尽相同。如果不排除这些条件，在比较产业国际竞争力时是很难做出公正的评判的。因而，产业国际竞争力是指一国特定产业在自由和公平的市场条件下，争夺有利的生产条件和销售条件，在竞争中获得最大利益的能力，它是产业国际竞争优势的表现。

综上所述，我们可以把国际竞争力概括为“一个国家在世界市场上参与经济竞争并不断增加财富的能力”。其含义包括以下四个方面的内容：第一，国际竞争力的主体是一个国家；第二，竞争的范围是经济领域；第三，竞争的空间是世界市场；第四，国际竞争力涉及一个国家的诸多方面，如科技水平、基础设施条件、政府行为、企业家素质和劳动者的工作态度等。

三、国际竞争力的层次

迈克尔·波特（Michael Porter）在其《国家竞争优势》一书中说明了国际竞

争力的层次问题。诚然，国际竞争力是一个多层次、多角度的集成概念，可以分解为国家竞争力、产业国际竞争力、企业国际竞争力和产品国际竞争力四个层次(见图2.1)。

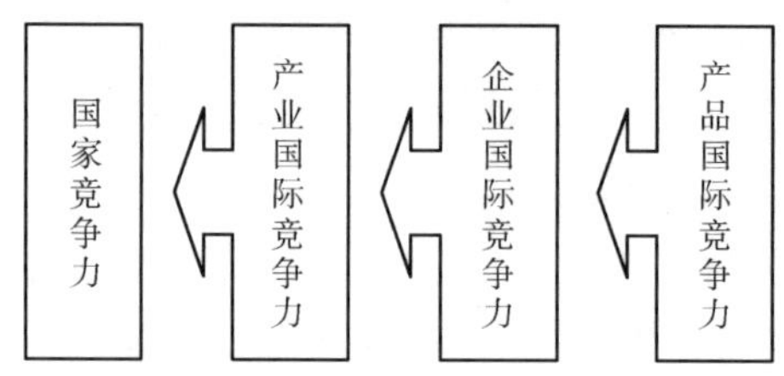

图2.1　国际竞争力的层次

1. 国家竞争力

国家竞争力是指国家通过有效地协调竞争力资产与竞争力过程、引进吸收能力与输出扩张能力、全球化经济活动与本地经济活动、经济发展与社会发展四对关系，来创造增加值从而积累国民财富的能力。简而言之，国家竞争力就是一国实现国民经济持续高速增长的能力。

2. 产业国际竞争力

产业国际竞争力是指“在开放和公平竞争的国际经济环境中，一国特定产业向国际国内市场提供符合需要的货物或服务产品，并取得经济效益的产业整体实力”①，产业国际竞争力研究的中心问题是各国及各产业的竞争优势比较。竞争优势和人们熟悉的比较优势的区别在于前者所涉及的主要是各国同一产业比较关系，后者涉及的主要是各国不同产业间的比较关系。

3. 企业国际竞争力

企业国际竞争力是指企业作为市场经济最基层的行为主体，在开拓国际市场、占据国际市场并以此来获得利润的能力。企业参与国际竞争的根本目的是通过占领并扩大市场来获取更多的利润，因此企业国际竞争力集中体现在企业的产品在国际市场上所占有的份额的高低，而且这个份额是以盈利为目的的。

4. 产品国际竞争力

产品是国际竞争力研究的终端层次，这是由于不论是国家、产业或企业，其国际竞争最终都要通过产品在市场上来完成其价值实现，产品是市场主体之间相互竞争的物质载体。产品和企业、产业之间联系非常密切。一个特定的产业就是

① 参见《中国国际竞争力发展报告》(1999)，第93页。

生产某类产品的生产活动、组织机构和政策制度的组合；而企业的价值链更是围绕特定产品进行开发、设计、生产、营销和相关辅助活动的整个过程。

5. 不同层次国际竞争力概念之间的联系

国家竞争力、产业国际竞争力、企业国际竞争力和产品国际竞争力四个层次各有侧重但又相互联系。国家竞争力着重强调一个国家在国际贸易、国际金融、国际投资中的地位，强调一国所能提供的基础设施，所能达到的整体科技水平、社会发展水平、当前经济发展状况以及政府行为、政府干预等因素为国际资本流动创造的客观条件。产业国际竞争力和企业国际竞争力则更强调产业或企业的经营行为、管理行为、劳动成本、企业家素质、劳动者的工作态度等因素的国际比较。产品国际竞争力则更强调产品本身的优势，是企业国际竞争力和产业国际竞争力的基础。企业国际竞争力可以奠定整个产业和国家的竞争力，因为一个产业或国家的经济实力的持续增长必须以企业在国际市场上竞争力的提升为前提。但是，企业国际竞争力的提升又离不开国家竞争力和产业国际竞争力的增强。

产业国际竞争力、企业国际竞争力和产品国际竞争力之间的关系则更为密切。企业是产业国际竞争的实体，产品是产业国际竞争的最终比较物。产业、企业、产品在国际竞争中的相互关系表现为：第一，产业国际竞争的实体是产业内的企业，企业在追逐利润的过程中，通过利用国家资源，采取竞争战略，不断成功地提升生产率来造就所在产业的国际竞争力；第二，产业和企业的国际竞争必须依托产品为载体，以降低生产成本、提高产品质量、增加产品特性、改善产品技术、提高生产效率等方式来赢得竞争优势；第三，产品国际竞争力是产业国际竞争力和企业国际竞争力在市场上的最终体现，产业和企业的竞争直接表现为产品的国际竞争。这样，产品在国际市场上的竞争力反映了企业的竞争实力，有竞争力的企业群体又组成了具有国际竞争力的产业，而高生产率的优势产业群将最终带动国家生产力的增长，形成所谓的国家竞争优势；反过来，国家竞争优势有助于形成产业和企业发展的良好环境，从而促进产业国际竞争力和企业国际竞争力的进一步提升，这又将表现为特定产品的国际竞争力。

第二节　国际竞争力的主要理论模型

关于国际竞争力的理论模型有很多，本节重点介绍迈克尔·波特的钻石模型、亚拉威的竞争力理论模型、Dong-Sung Cho 等的九因素模型与中国工业经济研究所的工业竞争力模型，因为这些模型对棉花国际竞争力研究模型的建立具有较强的借鉴意义。

一、Michael Porter 的钻石模型

1. 基本内容

迈克尔·波特（Michael Porter），哈佛大学商学院教授，被誉为当代全球竞争战略的最高权威。他将产业经济学和企业战略管理两大研究领域结合起来，把产业组织理论引入战略管理研究，发表了著名的“竞争三部曲”——《竞争战略》《竞争优势》和《国际竞争优势》，并以此为标志系统地提出了竞争优势理论。波特力图揭示竞争优势与比较优势之间的关键区别，“比较优势理论是长期以来在国际竞争分析中处于主流和控制地位的一种理论，而我则力主竞争优势才应该是一国财富的源泉。比较优势理论一般认为一国的竞争力主要来源于劳动力、自然资源、金融资本等物质禀赋的投入，而我认为这些投入要素在全球快速发展的今天其作用日趋减少。……取而代之的是，国家应该创造一个良好的经营环境和支持性制度，以确保投入要素能够高效地使用和升级换代。”①

波特在《竞争战略》和《竞争优势》两本书中指出，一个产业内部的竞争状态取决于五种基本竞争作用力（见图 2. 2），这五种作用力综合起来决定着该产业的最终盈利能力。对不同的产业而言，这些作用力的强度不同，因此导致产

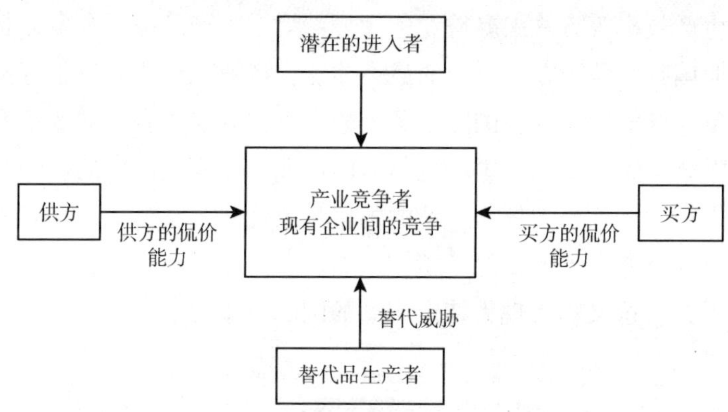

图 2. 2　驱动产业竞争的五种作用力

---

① 参见迈克尔·波特：《国家竞争优势》，华夏出版社 2002 年版。

业的盈利能力也不相同。同时，波特还提出了三种企业发展战略，即总成本领先战略、标新立异战略和目标集聚战略，并论述了企业如何在实践中创造和保持在产业中的竞争优势的问题。

1990年，波特在其《国家竞争优势》一书中，通过研究考察许多国家特定产业发展和参与国际竞争的历史，认为一国的特定产业是否具有国际竞争力取决于生产要素，需求状况，相关与辅助产业状况，企业策略、结构与竞争者等四个关键因素和机会、政府行为两个辅助因素，这六个因素构成了产业国际竞争力的“钻石”模型（见图2.3）。波特还认为，由以上六个因素所构成的竞争环境决定了一个国家的某个产业是否具有国际竞争力或是否处于优势地位。其中，除了机会因素可以被视为外生变量外，其他的因素之间都是互动的，即每一个因素都能强化或者削弱其他因素的表现。

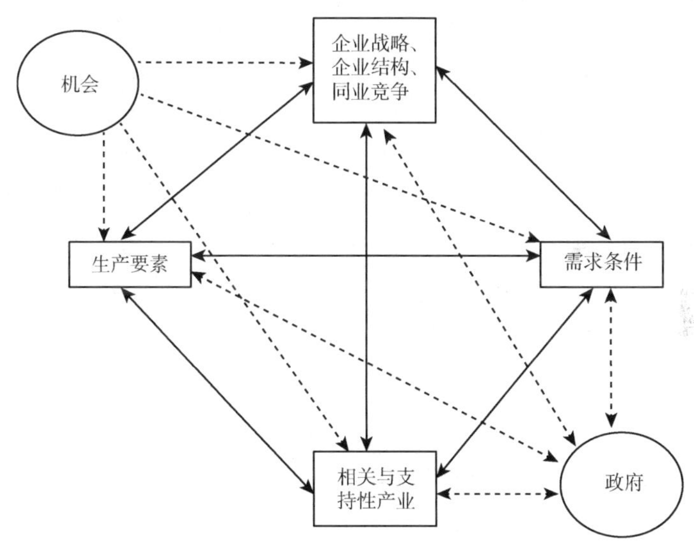

图2.3　迈克尔·波特的钻石模型

资料来源：迈克尔·波特：《国家竞争优势》，华夏出版社2002年版，第119页。

以下将对“钻石”模型中各个因素的含义及其在产业国际竞争力中的作用进行分析。

（1）生产要素。

生产要素是指产业的生产活动所需要的基本的物质条件和投入要素，一般包括天然资源、人力资源、知识资源、资本资源、基础设施等。竞争力的创造不仅与生产要素的数量有关，还与生产要素的质量有关。也就是说，取决于各种生产要素被应用时所发挥的效率与效能。

波特根据生产要素的性质与作用对其进行了两种形式的划分。第一种划分方式是将其分为初级生产要素（basic factor）和高级生产要素（advanced factor），其中初级生产要素包括天然资源、气候、地理位置、非技术与半技术劳动力、融资等。一般情况下，这类生产要素只需要被动地继承或者通过简单的投资就能拥有；高级生产要素的取得则需要在人力和资本上进行大量而持续的投资，主要包括现代化通信基础设施、受过高等教育的人力资源以及一些研究机构。初级生产要素在产业国际竞争力的创造过程中的重要性在不断降低，而高级生产要素则变得越来越重要。产业或企业若要以独特的产品或生产技术创造高层次的竞争力，则必须要借助高级生产要素。但是，因为创造高级生产要素必须要以初级生产要素为基础，所以初级生产要素的数量与质量依然是竞争力塑造的基础。

生产要素的第二种分类方式，是根据它们的专业化程度划分为一般性生产要素（又称为通用要素，generalized factor）和专业型要素（specialized factor）。一般性生产要素包括公路系统、融资、受过大学教育的员工等，它们可以被用于任何一种产业；而专业型要素则是指特殊技术人才、专业知识领域以及其他专门针对特定产业的投资而形成的资产等。建立在专业型要素上的产业竞争力比建立在一般性要素上的产业竞争力更为持久，但是专业型要素的投资风险也更高。波特认为，在建立国家竞争优势的过程中，高级要素和专业型要素的重要性要比初级要素和一般性要素大得多。

（2）需求条件。

按照波特的观点，这一关键要素主要是指本国市场需求的特征。在任何一种产业中，母国市场对竞争力的形成都具有相当重要的影响。波特认为，这种影响不仅来自显而易见的规模经济，而且，就产业国际竞争力的形成而言，国内市场的素质比其规模更重要得多。具体来说，本国市场的素质主要包括以下内容：

①本国市场的性质。首先，本国市场的性质包括本国的主力需求在整个国际市场细分结构中的位置，因为市场需求结构可以被细分为多个不同层次。如果一国对某一产业的主力需求有别于其他国家，则只要集中力量发展这一需求所在的产业环节，不论这个产业环节在整个产业中是否占有重要地位，都可以形成该国在这一特定产业环节上的国际竞争力。其次，如果本国市场拥有一批对产品和服务既内行又挑剔的本地客户，则会为企业带来追求高质量、完美产品和精致服务

的压力，进而带动相关产业的发展并提升该产业的国际竞争力。最后，本国市场的需求类型是否属于预期型需求也非常重要。如果本地客户的需求在时间上领先于国际市场上的客户，且在未来能带动各地同类型的需求，则它能协助企业掌握新产品信息与走向，刺激企业不断进行产品升级，增强企业所在新型产业环节的国际竞争力。

②本国需求的规模和成长模式。本国需求规模对于不同产业的影响是不同的，但总的说来，国内市场规模如同一把“双刃剑”。一方面，它能激励企业投资与再投资，有助于产业竞争力的形成；另一方面，庞大的国内市场为企业带来丰富机会的同时，也可能使企业丧失向外拓展的意志，从而成为不利于产业竞争力形成的因素。从成长模式来说，本地需求的快速成长与成熟总是有利于企业国际竞争力的提高。国内市场的提早需求使企业能及早建立大量的生产能力并提前积累经验，而本国市场的提早饱和则一方面迫使企业不断进行产品创新和升级；另一方面迫使企业从本土走向国际市场，以维持成长或消化其旺盛的生产能力。

③由本国市场向国际市场转换的能力。本国市场的一些特征也会影响到产业由国内市场向国际市场转换的难易程度。如果某一产业拥有一批跨国型的国内客户，则可以降低企业在打开国际市场时面临的风险。换句话说，本国市场上的国际化的下游产业有助于产业发展海外市场，提携产业参与国际竞争。另外，通过业务培训、观光旅游甚至移民潮等机会，国内企业也可以将国内需求以示范的方式推广到国外客户身上，从而使本国产业向外转移更为容易。

（3）相关支持产业。

绝大多数产品在被最终消费之前都要经过多道生产工序和市场环节，因而企业不可能包揽从原材料准备到最终零售的所有环节。因此，相关支持产业在产业竞争力创造过程中起到了相当重要的作用。如果企业与低于平均水平的上下游产业结盟，则会减弱其竞争性。无论在市场链中企业之间的结构关系如何，高度发达的合作，尤其是与高于平均水平的上下游产业进行合作，对于一个产业持续地创新和升级以维持其优势总是必需的。

对一个产业来说，好的上游供应商应该能协助企业掌握新方法、新机会和新技术的应用，并与企业一起，致力于其加工和产品的发展，以提高产品质量，使企业的产品突出于其他所有产品。企业与其供应商之间的交流有利于产品创新过程的发展。同样，企业也必须与最好的下游企业结盟，以保证在市场条件变化时其产品依然能卖得出去。企业与其下游市场的紧密联系有助于企业及时了解市场变化，对其产品质量进行必不可少的提升，也有利于增强整个供应链的竞争力。

此外，有竞争力的本国产业，通常也会带动相关产业竞争力的提升，因为它们之间的产业价值相近，可以合作、分享信息，这种关系还能形成相关产业在技术、流程、销售、市场或服务上的竞争力。

（4）企业战略、企业结构、同业竞争。

波特在这一个部分中强调了不同国家在企业目标、策略、组织、管理以及其他企业特征上的差异非常大。因此，掌握国家的环境特色，使企业管理模式和组织形态符合本国的民族特征是一个产业获取竞争力的关键（见图2.4）。如人们对待权威的态度和人际交往的形式等因素，往往决定了一国的企业所选择的产权结构和规模；一个民族对于风险和失败的态度则决定了高风险行业吸纳资本和人才的能力；不同国家的劳动力管理关系也有显著差别，美国的劳资关系以好斗闻名，而日本的劳资双方则强调和谐与一致性，这两种极端都可能对产业竞争力产生有利或者不利的影响。公司文化和公司治理的时尚总在不断变化，它们之间的差别总是决定企业和产业是否成功的重要因素。

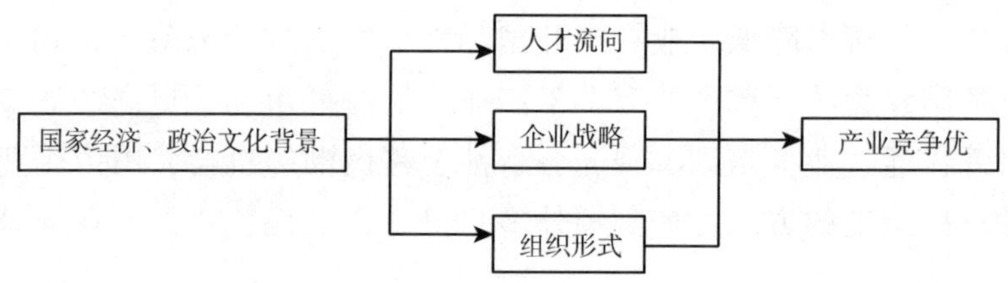

图 2.4　企业战略、组织形式与产业竞争优势

资料来源：迈克尔·波特：《国家竞争优势》，华夏出版社 2002 年版。

波特认为，国际竞争是国内竞争的延伸，激烈的国内竞争和对抗会成为企业进步和创新的动力，竞争迫使企业降低成本（价格）、提高质量和服务、研发新产品和新流程。此外，激烈的国内市场竞争还加重了企业以出口追求成长的压力，这种种压力往往使企业成为国际竞争中令人生畏的对手。

（5）机会。

一些偶然的事件和机会有时也会对一国的产业竞争优势产生影响，如纯粹的发明活动、重大的技术非连续性（如生物技术、微电子技术的出现等）、世界金融市场和汇率的重大变化、外国政府的政治决策、战争等。

偶然事件之所以重要，是因为非连续性使竞争地位发生变化，可能使以前的竞争优势失效，也可能为企业获得竞争优势提供机会。当然，各国能否利用偶然事件所提供的机遇来获得产业国际竞争优势，还取决于其他因素。同样的机遇，在不同的国家可能产生极不相同的结果。

（6）政府行为。

政府对产业竞争优势的实际作用，主要通过其在资本市场、外资、生产标准、竞争条例等方面的政策影响上述四个关键因素。当然，政府政策的影响可能是积极的，也可能是消极的。一个尊重市场规律且具有较强预见性的政府，对于促进产业竞争力的提高具有举足轻重的作用；反之，则非但不能促进产业竞争力的提高，还可能起抑制作用。

2. 总体评价

波特在《国家竞争优势》中还指出，一国竞争优势的发展可以分成四个阶段，即要素推动阶段、投资推动阶段、创新推动阶段和财富推动阶段。不难看出，波特的国家竞争优势理论弥补了其他国际贸易理论的不足，较圆满地回答了理论界长期未能解答的一些问题，对国际经济理论的发展做出了贡献。与其他贸易理论相比，波特国际竞争力理论的贡献可以归纳为以下几点：

（1）提出了一个重要的分析工具。

波特提出的国家竞争优势的决定因素系统，为我们分析各国竞争优势，预测其竞争优势的发展方向以及长远发展潜力提供了一个非常有用的分析工具。由于四种决定因素的范围、品质和交互作用的方式决定企业生产的产品和服务的种类以及生产的效率，而产品和服务的种类和生产效率又决定一国进入国际市场的产品、服务的价值和增长率，因此它们最终决定一国竞争优势的实力、构成和持久性。分析这些决定因素的范围、品质和交互作用的方式，将它们与其他国家的决定因素系统相比较，我们就能发现一国的竞争优势在（或可能在）哪些领域，有多大，是否可能持久。

（2）强调动态的竞争优势。

传统的比较利益理论强调的是静态的比较利益，注重的是各国现有的要素禀赋，如丰富的自然资源、廉价的劳动力等初级要素，因此它不能解释为什么像日本、韩国这类资源稀缺的国家在众多领域获得竞争优势而许多资源丰富的国家却长期落后的原因。波特从动态的竞争优势角度比较圆满地解决了这一问题：日本、韩国这类国家的竞争优势来自不断创造的要素优势。不断创造的要素比静态的要素更能持久，其优势会随着时间的推移、知识的积累而增加，而靠静态的要素禀赋获得的竞争优势则会随着要素禀赋的消耗而减少。随着科学技术的迅猛发展，新能源、新材料的大量问世，初级要素的相对重要性进一步降低，动态竞争优势的重要性将进一步加强。

（3）强调国内需求的重要性。

国内需求对企业竞争优势的影响是被传统的贸易理论所忽视了的，波特的理论则清楚地指出了国内需求同国家竞争优势之间的因果关系。国内买主的结构、买主的性质、需求的增长、需求结构的变化都对一国的竞争优势有决定性的作用。因此，波特的理论弥补了传统贸易理论对需求的忽略，其观点被许多研究所证明。例如，瑞典在爱克尔式（Ikea）家具方面（Grubel et al.，1975）、加拿大在森林机器等资源开发设备方面（Globerman，1990）、瑞士在纸张产品机器方面（Bomeretal，1991）的竞争优势都是证明。

（4）强调国家在决定企业竞争力方面的关键作用。

随着生产全球化的发展，许多学者认为国家在决定企业竞争优势方面的作用越来越小，认为企业可以摆脱国家的束缚，在全球范围组织经营，在成本最低的地方生产，在利润最高的地方销售；认为国际环境可以代替国内环境，大前健一（Kenichi Ohmae，1991）甚至宣称无国界时代已经到来。波特提出的国家竞争优势理论无疑是对上述观点的反驳，因为国内的决定因素（国内的需求、相关产业和支持产业、国内的竞争等）绝大部分是国外的同样因素所取代不了的。在全球化时代，国家的作用实际上是加强了而不是削弱了。波特的理论强调加强国家对企业竞争优势的培育和促进，对企业竞争优势的发展无疑是有积极意义的。

此外，根据波特的国际竞争理论，处在不同发展阶段的国家，建立竞争优势的途径是不同的。因此，各国首先应就目前的情况正确评价自身的发展水平及在国际竞争中的地位，从而更好地规划本国的发展前景。同时，也应研究一国如何创造条件，从一个较低发展阶段向更高阶段过渡的问题。这对于发展中国家而言，尤其具有实践和指导意义。

二、Hamid Alavi 的竞争力理论模型

世界银行专家亚拉威（Hamid Alavi）在研究国际竞争力时，把影响一国竞争力的因素分为两大类，即促进国际竞争力的环境因素和企业内部因素。这两类因素既相对独立，也密切相关，它们的有机结合便构成一个国家的国际竞争力（见图2.5）。

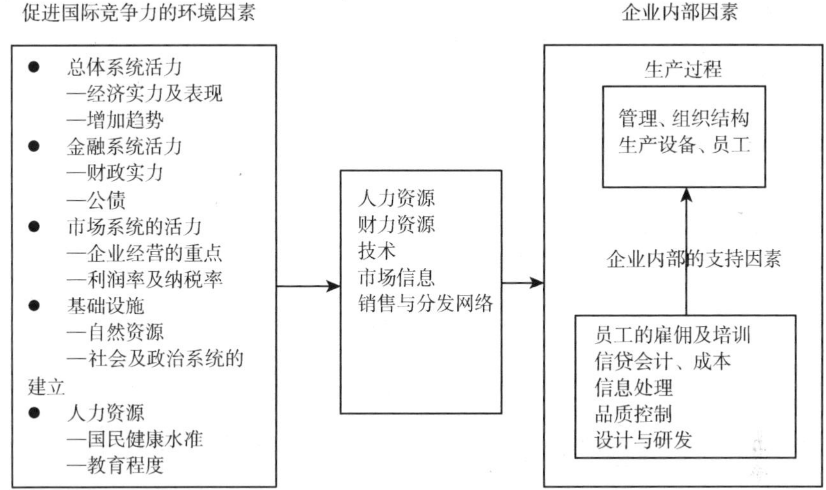

图 2.5　亚拉威理论模型中国际竞争力的因素

资料来源：Hamid Alavi (1999), Regional Coordinator for Trade Facilitation, MNSIF, World Bank.

1. 促进国际竞争力的环境因素

从图 2.5 中可以看出，从宏观上促进国际竞争力的环境因素具体可以分成五项：

(1) 总体系统活力，包括一个国家的经济实力及具体表现，短期及中期成长的趋势、投资程度及贸易实力；

(2) 金融系统活力，包括一个国家的财政实力、公债、外汇、储备、利率、长期和短期借债机会；

(3) 市场系统活力，包括企业的经营重点、经营总额、利润率及纳税率，政府在经济中的参与程度、技术实力、经济的外向程度；

(4) 基础设施，包括桥梁、铁路、通讯、能源网络等实物性的基础设施、自然资源、社会及政治系统的稳定程度，以及经济组织方面的基础设施，如从事技术创新与扩散的机构、承担风险的机构、开发人力资源的机构、鼓励出口的机构等；

(5) 人力资源，包括国民健康水准、教育程度、智力素质以及应变能力。

2. 促进国际竞争力的企业内部因素

第二类因素主要是个体的，即在公司层次。它主要包括：(1) 生产效率及灵活性，包括管理水准、生产组织方式及劳动生产率；(2) 企业内部为生产服务的各种因素，包括对员工的雇佣及培训、内部金融及财政管理、信息处理、产品质量控制、产品设计及研究能力、市场开发能力。

总体的环境因素不仅直接影响生产过程所需要的各种投入，并进而影响公司的生产过程，而且还通过影响企业内部为生产服务的各种因素对一个国家的国际竞争力产生影响。

三、Dong-Sung Cho 等的九因素模型

Dong-Sung Cho（2000）认为，波特的钻石模型主要是解释发达国家的产业竞争力，这一理论应用于欠发达或发展中国家时，需要加以修正。他认为，新建立的模型应符合以下两个目的与要求：一是能更好地评估欠发达国家的国际竞争力及其构成因素；二是能说明一国如何增强其国家优势。

在 Dong-Sung Cho 等看来，评估韩国的国际竞争力，需要考虑其在经济发展初期，政府和商业界必须从国外引进资金和技术，并创造促进经济增长的资源等因素。根据 Dong-Sung Cho 等的分析，韩国经济增长的重要引擎是大量受过良好教育、富有进取心、献身事业的各种人才。韩国的人才可以分为四类：工人，制定并执行经济计划的政治家和官员，冒着极大风险制定投资决策的企业家，管理经营的职业经理和运用新技术的工程师。为评估他们对经济发展的贡献，需要一个九因素模型（见图 2. 6）。

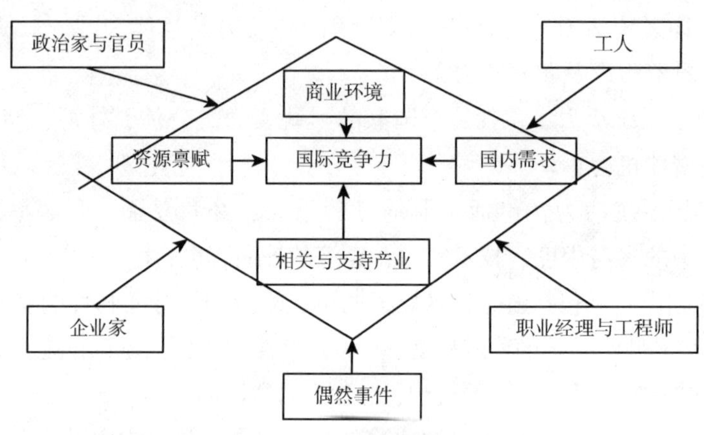

图 2. 6　九因素模型

资料来源：Dong-Sung Cho，Hwy-chang Moon（2000），From Adam Smith to Michael Porter：evolution of competitiveness theory，world scientific，2000.

在这个九因素模型中，有四种决定国际竞争力的物理因素，即自然资源禀赋、商业环境、相关与支持产业、国内需求；同样也有四种决定国际竞争力的人力因素即工人、政治家和官员，企业家、职业经理和工程师；外部偶然事件是国

际竞争力的第九个因素。

九因素模型与波特的钻石模型的区别主要体现在要素分类和辅助因素两个方面，钻石模型将自然资源和劳动力纳入要素条件，九因素模型将自然资源放在资源禀赋之下，同时将劳动力纳入工人的范畴。

四、中国工业经济研究所的工业竞争力模型

中国社会科学院工业经济研究所金碚等从国产工业品的市场占有率和盈利状况，以及其直接和间接决定因素的分析入手，建立了工业国际竞争力分析的基本框架。他们认为，尽管国际竞争可以表现在产出（包括服务，主要是工业品）之间、产业之间、企业之间或国家（地区）之间，因而国际竞争力的研究包括产品竞争力、产业竞争力、企业竞争力和国家（地区）竞争力等各个领域，但其最基础的层面仍是工业经济竞争，而工业经济竞争最终表现为工业品的国际竞争。因而，“广泛的工业品国际竞争形成各产业间的国际竞争，并构成国家（地区）间经济竞争的基本内容之一。”① 根据这一观点，他们构筑了工业品国际竞争力的分析框架（见图 2.7），并建立了影响工业国际竞争力因素之间的逻辑关

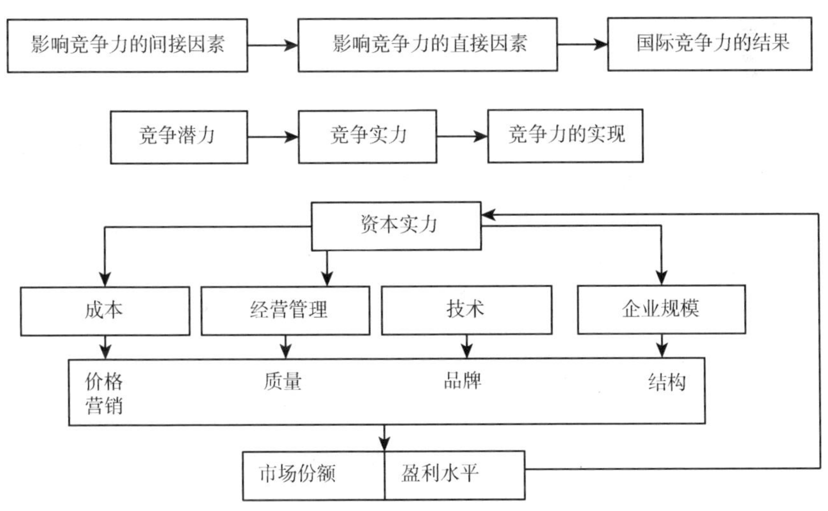

图 2.7 工业国际竞争力理论模型

资料来源：金碚：《中国工业国际竞争力》，经济管理出版社 1997 年版，第 67 页。

① 参见金碚：《中国工业国际竞争力》，经济管理出版社 1997 年版。

系，为定量分析提供了可能。

尽管金碚的研究模型是针对工业国际竞争力提出来的，但是他把工业国际竞争力的影响因素分为间接因素与直接因素，对本书研究棉花国际竞争力及其来源颇具借鉴意义。

第三节　国际竞争力主要评价理论与方法

当代，在国际竞争力研究方面比较权威的是成立于20世纪80年代初的世界经济论坛（World Economic Forum WEF）和瑞士洛桑国际管理开发学院（International Institute For Management and Development IMD）。这两个著名的国际组织每年都要提交报告，对世界工业化国家和主要发展中国家的国际竞争力进行研究。WEF和IMD都有各自成熟的国际竞争力评价理论、评价方法和评价指标体系，并且随着世界经济和社会的发展不断地做出调整，因此，其研究成果、评价方法和评价指标被许多国家广泛采用。所以这里重点评介WEF和IMD的理论与方法。

一、WEF的国际竞争力评价理论与方法

1996年，WEF在《全球竞争力报告》（The Global Competitiveness Report）中，将竞争力定义为一国或地区保持人均国内生产总值较高增长的能力。基于此，WEF较为细致地探讨了国际竞争力的内部结构及其联系，并在此基础上建立起了一套可供分析的工具，使国际竞争力具有可把握性和可测度性。

1. WEF的评价理论

WEF认为，国际竞争力的评价准则应包括以下10个要点：

（1）竞争力资产和过程是两个主要方面的结合。

（2）在资产一定的条件下成功地转换过程以增加财富并为后人创造新资产是竞争力的核心。

（3）一国可能是“富有”，但却不具有竞争力，如单纯依赖现有资产（自然资源）建立起来的工业等。

（4）那些资源匮乏的“穷国”，则可通过高效的转换过程而变得极富竞争力，如日本、新加坡等国。

（5）“穷国”可能比“富国”更具有竞争力。

(6) 国际化是建立在引进吸收能力或输出扩张能力或两者兼而有之的基础之上的，例如，爱尔兰对外国投资具备引进吸收能力，韩国具备输出扩张能力但不具备引进吸收能力，美国则二者兼具。

(7) 竞争力是可以测度的，可划分为“硬指标”（如劳动生产率、经济增长率等）和“软指标”（如教育程度和人们的态度等）。“硬指标”通常是可以量化的，而“软指标”一般是不可以量化的。

(8) “硬指标”的周期（几个月或几年）比“软指标”的周期（几十年或几代人）要短。

(9) 从趋势上看，一国要发展经济，就越要依赖“软指标”的表现，如将廉价劳动力培养成受教育的高级劳动力。

(10) 竞争力是变动的，但也是可以长期保持的。

2. WEF 的评价方法

根据以上要点，WEF 在 2000 年的《全球竞争力报告》中设计了四个反映国际竞争力的指数：即增长竞争力指数（the growth competitiveness index）、当前竞争力指数（the current competitiveness index）、经济创造力指数（the economic ereativity index）和环境管制体制指数（the environmental regulatory regime index），并分别对其进行排名，排名的依据是对影响和决定国际竞争力的八类主要因素——开放程度、政府、金融、技术、管理、基础设施、劳动和法规制度——进行定量分析。

为了使评价结果更客观，在进行竞争力指数排名时，八大要素内部的子要素均具有不同的权重。其中，开放程度 1/6、政府 1/6、金融 1/6、基础设施 1/9、技术 1/9、管理 1/18、劳动 1/6、法规制度 1/18，合计为 1。在各个要素项目内部，不同指标也有不同的权重。定量统计指标按照实际得到的数据排序，问卷调查指标按照 1 ~7 赋予权重，最低为 1，最高为 7。权重的确定一部分是基于统计分析和实证分析，一部分是基于调查问卷。表 2. 1 显示了 WEF 设计的关于管理方面的 23 个评价指标，这些指标的得分在 1 ~7 之间，主要取决于问卷回答者的答案。

表 2. 1　　WEF 设计的管理要素的调查和评价指标

评价序号	具体的评价内容
1	总体上看，管理质量是世界水平
2	全面质量管理被实实在在地应用
3	经营者能够吸引、培训和激励高级职员
4	职工培训被高度重视

续表

评价序号	具体的评价内容
5	向下属分权的愿望普遍高
6	报酬政策与业绩紧密挂钩
7	大多数公司有称职的财务职员
8	生产工艺一般采用世界最佳、增高效率的技术
9	国内企业的市场营销和世界最好企业可以一比高低
10	企业一般很重视客户满意度
11	企业在国际市场的竞争优势来源于产品和生产工艺的唯一性
12	出口企业不只是生产，还可以进行产品开发和国际营销
13	公司通过自己的新产品或新工艺得到先进技术
14	产品设计在当地进行
15	国际市场销售企业自己开发其品牌
16	国际市场上销售的企业利用其自己的销售机构
17	出口企业主要向邻近国家销售
18	出口企业在使用国际市场销售其产品
19	最高管理岗位只给熟练的职业管理者
20	一流水平的管理教育在当地能够得到
21	经营者一般会讲外语并有国际背景
22	经营者个人广泛地使用计算机和信息技术
23	企业董事会在控制公司业绩和代表股东利益方面非常有效

WEF 用于进行竞争力评比的数据包括两个部分，一部分是来自有关机构的统计数据，他们称其为定性数据；另一部分是通过向参评国家（地区）发放问卷获得的调查数据。由于侧重于经济的动态增长，WFF 更为强调企业家的意见。因此，它大约使用 3/4 的调查数据，1/4 的统计数据。各要素项目所包含的定性数据与调查数据的比重不同，其中开放程度、政府、金融、劳动 4 项，各自的定性数据占 3/4、调查数据占 1/4；基础设施、技术 2 项各自的定性数据占 1/4，调查数据占 3/4；管理、法规制度 2 项，全部为调查数据。

3. 对 WEF 评价理论与方法的评价

WEF《全球竞争力报告》采用研究者认为是最新的理论来进行竞争力评价，并且得出的评价结果主要取决于评价者或调查对象的看法，这具有较强的现实意义。但是，由于该机构大量使用定性指标，这就使调查结果的准确性严重依赖于所收回的调查问卷的准确性和代表性。同时，问卷所涉及的问题的多样性和竞争力指标的多变性，使评价结果的正确性也受到一定影响。

二、IMD 的国际竞争力评价理论与方法

IMD 每年出版《世界竞争力年鉴》（World Competitiveness Yearbook，WCY）来公布各个国家的竞争力排名。IMD 认为，国家间的竞争是处在特定环境下的产（企）业的竞争，因此其每年发布的《世界竞争力年鉴》通过评价提升产（企）业的环境因素来评价国家的竞争力，其具体内容包括社会、政治、经济、文化、技术、产业结构、政策、法律、制度等因素。

1. IMD 的评价理论

IMD 认为，四个方面构成了一个竞争环境：

（1）本地化与全球化（pximity versus globality）：前者指在国内、区域内布局生产，强调本地发展；后者指在全球范围内布局生产活动，强调全球化发展。

（2）吸引力与渗透力（attractiveness versus aggressiveness）：前者指吸引外商直接投资的能力，后者指向国外市场的扩张能力；前者创造就业，后者创造收入。

（3）资源与工艺过程（assets versus processes）：前者指国内现有的各种资源，强调资产存量；后者指工艺方法、组织流程、专用技术等，强调使存量资产增值的能力。

（4）个人冒险精神与社会协调发展（indvidual risk-taking versus social cohesiveness）：前者强调个人主义，主张放松管制，实行私有化；后者强调社会福利、追求平等和社会凝聚力。

以上四个方面通过国内经济实力、国际化程度、政府政策及运行、基础设施、金融环境、科学技术、企业管理和国民素质 8 个要素（方面）反映出来，对国家竞争力的评价也主要从这 8 个要素入手。

2. IMD 的评价方法

与 WEF 的评价理论相似，IMD 也确定了八类评价要素，它们分别是国内经济实力（用以测度一国宏观层次上的经济实力基础）、国际化程度（用以测度一国参与国际贸易和资本流动的程度）、政府政策及运行（用以测度政府政策对国际竞争力发展的有利程度）、基础设施（用以测度资源与基础设施体系对国内企业基本需求的满足程度）、金融环境（用以测度股票市场及金融服务的绩效）、科学技术（用以测度一国在基础研究和应用研究中取得的成就及运用科学技术的能力）、企业管理（用以测度以有创新精神的、可盈利的及负责任的方式管理企

业的能力）、国民素质（用以测度一国人力资源的可获得性和质量），每个要素又包括若干个子要素（见表 2.2）。

表 2.2　　　　IMD 竞争力的构成要素

要素（方面）	所含指标个数	说　明
国内经济实力	30 个	国内宏观经济评价
国际化程度	45 个	国家参与国际贸易和投资的程度
政府政策及运行	46 个	导致有竞争力的政府政策和实践活动
基础设施	37 个	经营活动需要的自然的、技术的和通讯的资源
金融环境	27 个	资本市场表现和金融服务的质量
科学技术	25 个	科学与技术能力
企业管理	37 个	公司以创新、盈利和负责任的方式的经营管理
国民素质	43 个	人力资源的可获得性和质量

资料来源：www. imd. ch/wcy，2001 年 3 月版本。

为了对国家竞争力的 8 个要素进行评价，IMD 将各个要素又细分成若干子要素，2000 年共形成 47 个子要素，并以这 47 个子要素为基础来进行竞争力评价（其内容见表 2.3）。

表 2.3　　　　IMD 竞争力的构成

国内经济实力	国际化程度	政府政策及运行	基础设施	金融环境	科学技术	企业管理	国民素质
增加值	贸易	政府债务	交通基础	资本成本	研开费用	生产率	人口特点
投资	出口	政府支出	技术基础	资本可得性	研开人数	劳动力成本	劳动力特点
储蓄	进口	税收政策	能源基础	股票市场活力	技术管理	公司业绩	就业率
最终消费	汇率	政府效率	环境	银行系统效率	科研环境	管理效率	失业
产业业绩	投资组合	政府干预			知识产权	企业文化	教育结构
生活成本	外商投资	法律和社会保险					生活质量
适应能力	国家保护主义						态度、价值观
	开放程度						

资料来源：同表 2.2。

为了确定47个子要素的排名，IMD根据各子要素的内容，在2000年评价中又设计了290个评价指标来定量确定。在这290个指标中，有180个指标为统计数据，即硬指标，它们来自国际和地区组织、民间机构和国家研究所，其余110个指标来自经营者问卷调查。在180个硬指标中，有139个指标参加排名，41个指标不参加排名但在排名时参考。问卷调查分别在各个国家进行，答卷者只回答自己长期工作国家的状况。问卷采用“德尔菲法”（delphi method）处理，即依靠某领域专家的知识和经验，在掌握客观情况和实际资料的基础上，对询问的项目进行数轮评分，根据评分进行数理统计并得出结果。

在“钻石模型”的指导下，IMD针对上述八大要素建立起了一个较为全面的指标体系，所选指标均与国际竞争力有密切关系，并尽量避免指标的相关性。所有指标被分成两大类，即可测度的硬指标和不可测度而通常只能通过判断取得的软指标。将各项指标标准化后，采用加权平均法对各国的国际竞争力进行综合评价。其中，关键是指标权数的确定。对于硬指标和软指标分别赋予2/3和1/3的权数，且每项硬指标的权数为1，每项软指标的权数为0.8。

IMD的国际竞争力计算公式为：竞争资产×竞争过程=国际竞争力，该公式反映出IMD对竞争资产与竞争过程的认识。所谓竞争资产是指自然资源、土地、人口规模等继承的资产；所谓竞争过程是指一国创造增加值的过程，即把资产转化为增加值的能力。一般情况下，由过去竞争过程创造的产出会转化为现期的竞争资产。发达国家活跃的竞争过程，会积累起雄厚的竞争资产；而发展中国家则由于没有经历这种活跃的转化过程，其竞争资产十分薄弱。由此看来，发展中国家必须依靠发展过程竞争力来实现其竞争资产的扩张。当然，发达国家如不重视竞争过程，亦不能长期保持其领先地位。也就是说，实现资产与过程的平衡是十分关键的。

各个国家竞争力排名方法是，首先给每个评价指标确立一个评价标准值，标准值是根据指标排序得到的。在大多数情况下，数值越高情况越理想。如国内生产总值，最高者排第一位，最低者排在最后一位。但有一些指标数值最低的最好，如消费者物价指数，具体判断指标与国际竞争力关系的原则见表2.4。标准值通常是排名国家中指标的最好值（第一名的数值），以它作为标尺来对其他国家进行排序。具体的排名计算程序如图2.8所示。

表 2.4　IMD 排名第一的国家的结构

要素（方面）	主要评价原则
国内经济实力	1. 生产率反映短期的增加值；2. 长期的竞争力需要资本投入；3. 一个国家的繁荣是其过去业绩的反映；4. 市场竞争力量能够促进业绩改进；5. 国内竞争越激烈，国内企业在国外越有竞争力
国际化程度	6. 国际贸易中的成功是国内竞争力的反映（消除贸易障碍）；7. 经济对外开放会增加一国的经济绩效；8. 在全球范围内投资布局会使经济资源得到更有效的利用；9. 出口方向常常和国内经济增长方向相联系
政府政策及运行	10. 国家干预应当最小化，除非为企业创造竞争环境；11. 政府应该提供一个可预测、风险小的宏观经济环境；12. 政府应该能够灵活地改变其政策以适应环境变化
基础设施	13. 一个发展较好的基础设施（包括政府服务系统）能够支持经济活动；14. 发展良好的基础设施包括完善的信息技术和有效的环境保护
金融环境	15. 活跃的金融活动使创造价值的活动更加容易；16. 一个良好发展的、融入国际社会的金融业能够支持一个国家国际竞争力的提高
科学技术	17. 有效地、创造性地应用现有技术会建立竞争优势；18. 基础研究和创新活动的投资所创造的新知识对经济发展的成熟阶段非常重要；19. 在研究与开发方面的长期投资有可能增强企业竞争力；20. 在研究与开发方面的非国防投资对国家的竞争力的贡献大于国防研究开发投资
企业管理	21. 价格/质量之比的竞争力反映了一国企业的管理能力；22. 基于长远考虑的管理能够增强竞争力；23. 经营有效性和应变能力是管理能力的反映；24. 创业精神是经济起步的基础；25. 经营业务一体化和差异化是公司成熟阶段的管理技术
国民素质	26. 技术熟练的劳动力增加国家竞争力；27. 劳动态度影响国家的竞争力；28. 竞争提高生活质量

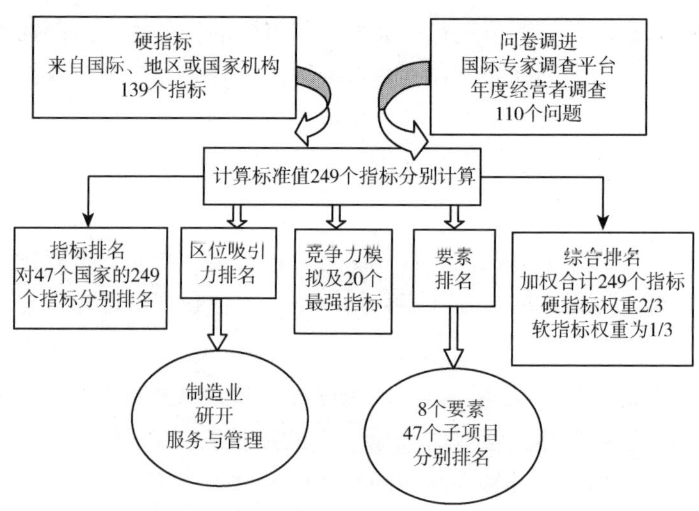

图 2.8　IMD 国家竞争力排名的计算程序

IMD 国家竞争力评价的主要成果有以下几项，一是参评国家竞争力综合排名、8 大要素排名和 47 个子要素排名；二是由参评国家可控制的 20 个最好指标和 20 个最差指标组成的资产负债表；三是可根据资产负债表进行模拟，让 20 个可控制的最差指标值达到参评国家的平均值，然后重新计算国家的竞争力排名，这样可提供给决策者应当注意改进的地方以及改进后的结果模拟；四是布局吸引力排名，可以说明各个国家在制造业、服务及管理业、研发三个方面的吸引力比较结果；五是得到国家竞争力排名树，进一步突出了每个国家的排名位次；六是国家竞争力结构与排名第一的国家的结构的比较。

此外，IMD 还提出了提高国家竞争力的十条黄金法则：（1）创造一个稳定、可预见的法律环境；（2）塑造一个灵活、有弹性的经济结构；（3）投资于传统的和技术的基础设施；（4）促进个人储蓄和国内投资；（5）发展向国外市场的渗透力和国内对外资的吸引力；（6）追求政府行为的质量、速度和透明度；（7）改善工资水平、生产率和税收之间的关系；（8）通过缩小工资差别、加强中间阶层来保持社会结构的稳定；（9）大量投资于教育，特别是中学教育和终身培训；（10）在保持居民期望的价值观的同时，通过协调自身经济和全球经济来确保财富的持续增长。

3. 对 IMD 评价理论与方法的评论

从以上介绍可以看出，IMD 对国家竞争力的评价是建立在大量的统计数据和调查数据的基础之上的，是运用综合要素评价国家竞争力的比较成熟的一种方法，也是目前世界最著名的国家竞争力评价方法之一。

其主要贡献是：（1）提供了大量的统计数据和调查数据，形成了比较全面和完善的评价体系；（2）通过排名突出了国家之间的竞争力差距，使各个国家能比较清楚地了解到自己与竞争对手相比的强项和不足；（3）通过对最差 20 个指标的单独列出和模拟排名，向决策者提出了亟待改进的主要方面，并指出改进之后排名的变化。

但是，该评价方法也有许多不足之处：（1）对国家竞争力的定义理解得过于宽泛。IMD 定义为支持企业竞争力的环境，这个定义说明了影响国家竞争力的因素的复杂性和多样性，但同时也使国家竞争力的定义过于宽泛，从而使“国家竞争力”的评价变成了几乎包括所有经济因素的综合评价；（2）评价指标设置和处理存在不尽合理的地方。①评价指标的重复性较大。例如，在国内经济增加值子要素下有 9 个指标，其中真正不重复的只有 3 个指标；②在指标处理方面不进行关键指标和相关指标的分析和筛选，致使指标多的评价要素在排名中所起的作用大于指标少的要素；③对不同层次、重要性不同的指标用统一的权重来计算，也使计算结果有失正确性。（3）在指标评价标准的确定方面存在争议。特别是有一些还有争议的结论被用来作为评价标准确定的原则，如在汇率对国际竞争力的影响、政府赤字对一国竞争力的影响等方面均存在着争议。（4）将不同竞争主体（如国家、企业）和竞争对象（如制度、产品）的竞争力影响或决定因素放在一起，加权计算，使加权值几乎失去了意义。

第三章　棉花国际竞争力理论

在借鉴国际竞争力一般理论的基础上，本章将具体阐述棉花业国际竞争力的理论内涵，并分析棉花国际竞争的特点与棉花国际竞争力的来源，为本书对我国棉花国际竞争力的实证分析奠定理论基础。

第一节　棉花及相关概念的界定

一、棉花的相关概念

棉花，是锦葵科（Malvaceae）棉属（Gossypium）植物的种籽纤维，原产于亚热带。植株灌木状，在热带地区栽培可长到6米高，一般为1~2米。花朵乳白色，开花后不久转成深红色然后凋谢，留下绿色小型的蒴果，称为棉铃。棉铃内有棉籽，棉籽上的茸毛从棉籽表皮长出，塞满棉铃内部，棉铃成熟时裂开，露出柔软的纤维。纤维白色或白中带黄，长2~4厘米（0.75~1.5寸），含纤维素87%~90%，水5%~8%，其他物质4%~6%。棉花产量最高的国家有中国、美国、印度等。

棉花的原产地是印度和阿拉伯。在棉花传入中国之前，中国只有可供充填枕褥的木棉，没有可以织布的棉花。宋朝以前，中国只有带丝旁的“绵”字，没有带木旁的“棉”字。“棉”字是从《宋书》起才开始出现的。可见棉花的传入，至迟在南北朝时期，但是多在边疆种植。棉花大量传入内地，当在宋末元初，关于棉花传入中国的记载是这么说的：“宋元之间始传种于中国，关陕闽广首获其利，盖此物出外夷，闽广通海舶，关陕通西域故也。”从此可以了解，棉花的传入有海陆两路。泉州的棉花是从海路传入的，并很快在南方推广开来，至于全国棉花的推广则迟至明初，是朱元璋用强制的方法才推开的。

棉花有亚洲棉、草棉、陆地棉、海岛棉等品种，其中以陆地棉在我国栽培最广，纤维可纺纱或做棉絮。棉籽可榨油供食用或工业用，油饼可作肥料。棉籽绒是制造火药和塑料、人造纤维的重要原料。棉纤维棉植物种子上被覆盖的纤维，根据长度和细度可分为粗绒棉、细绒棉和长绒棉三类，是最大宗的纺织原料，可制多种衣着和工业用纺织品等。

按照联合国粮农组织的分类，棉花可以分为8类，详见表3.1。

表3.1　联合国粮农组织分类中棉花产业有关的商品

英文名称	中文名称	代码
Cake of Cottonseed	棉籽饼	2306.1
Cotton Carded, Combed	精梳棉	5203
Cotton Lint	皮棉	5201.00aa
Cotton Linter	棉短绒	1404.2
Cotton Waste	废棉	5202
Cottonseed	棉籽	1207.20aa
Cottonseed Oil	棉籽油	1512.2_a
Seed Cotton	籽棉	351

二、本书对棉花的界定

本书中的棉花产量均指皮棉（cotton lint），因为从图3.1和图3.2中可以看出世界棉花进出口的产品中，皮棉分别占87%和89%，因此本书用皮棉的数据来研究棉花产品国际竞争力和棉花产业整体国际竞争力是可行的。

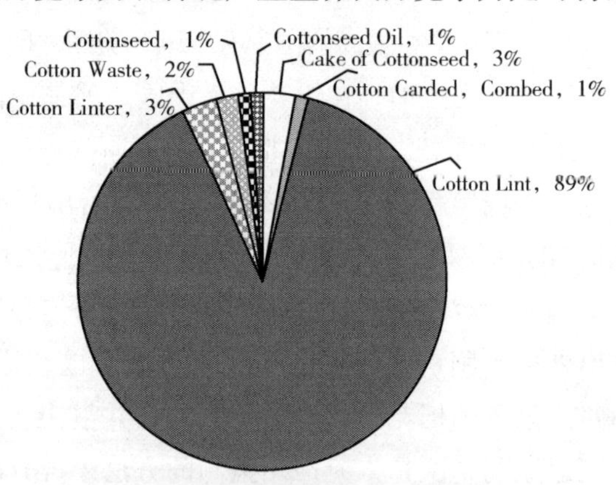

图3.1　2014年世界各类棉花产品出口比例

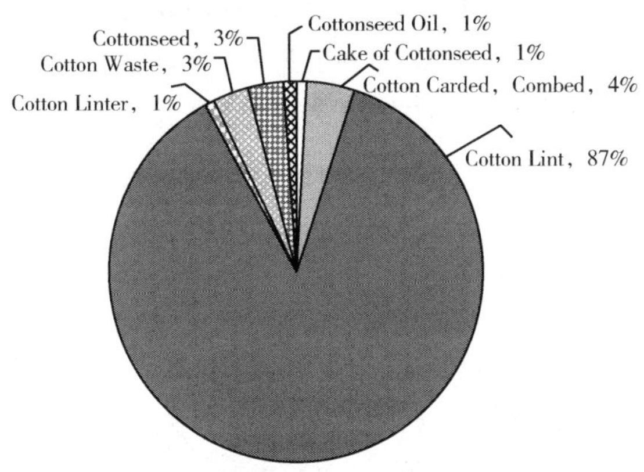

图 3.2 2014 年世界各类棉花产品进口比例

三、棉花产业链的界定

农业产业链于 20 世纪 50 年代在美国产生，随后在世界范围内得到了充分的发展和完善，在世界农产品产业化和市场化过程中发挥了重要的作用。随着中国市场经济的逐步建立和农业现代化建设步伐的加快，农业产业链问题也越来越受到广泛重视和研究。但由于中国产业链发展起步较晚和中国农业产业分散经营的局面，农业产业链的发展还非常不完善，需要对其进行全方位的深入研究和实践，充分发挥这一经营方式在增强农产品的竞争力、增加农民收入中的作用，并利用农业产业链来推动中国农村产业结构的调整，改变农业的整体弱质性状况。

产业链是由生产、贸易及相关服务活动的一体化的集成，这些活动实现了价值增值，并将特定产品或服务传递给消费者，这个过程包括决策、研发、生产、配送、营销、商业服务等多个环节。农业产业链的理论基础是系统论、市场经济理论、产业划分理论，并把供应链管理思想导入农业产业化，有利于农业产业化绩效和竞争力的全面提升。

从产品或服务的运行过程这个角度看，产业链也是一种业务流程，它包含一系列节点企业，节点企业在需求信息驱动下，通过产业链的职能分工与合作，以物流、资金流、信息流为媒介，整合链上的企业资源，实现整个产业链的不断增值。

在开放的、竞争的市场经济条件下，任何一个企业都不可能在产业链上的每一个环节都拥有优势，也不应该在产业链的所有环节上都处于劣势。企业为实现利润最大化，必须权衡考虑产业链上的诸环节，保留和控制自身的优势环节，对处于劣势的环节可以通过联合、合作等形式分散出去，这样将有利于利润最大化及经营目标的实现。

棉花产业链是一条由棉花生产、加工、流通、进出口等环节紧密相连的产业组织总称。由一系列节点组成，包括棉种经营、棉花栽培、棉花加工、棉花纺织、出口、服装加工等。

棉种经营环节是产业链中最主要的生产资料的供应者，居于整个产业链的上游，向下游企业植棉农场和棉农提供棉种。主要从事棉花种子、种苗的育种、引种、生产、加工、销售。农场和棉农是棉花产业链中的重要一环，是棉花的栽培者。籽棉质量的好坏、产量的高低直接会影响到上下游企业的生产和效益。作为棉种经营和棉花加工之间的一个环节，农场和棉农要保证所产棉花的质量，要从上游的种子公司获得优质的棉种进行生产，再将生产出的籽棉输送到棉花加工企业将其加工成皮棉。棉花产业链不仅涉及植棉农场和棉农，还会影响棉纺织业、服装业的发展。

第二节　棉花国际竞争力的理论内涵

本书把棉花定义为产业，显然棉花国际竞争力的研究属于产业国际竞争力范畴。但是，由于棉花产品国际竞争力是棉花产业国际竞争力最直接的表现，因此棉花产业国际竞争力还应该包括对棉花产品国际竞争力的研究。

一、棉花国际竞争力的理论内涵

（一）棉花国际竞争力的两个层次

1. 棉花国际竞争力的理论内涵

棉花国际竞争力包括棉花产品国际竞争力与棉花产业国际竞争力两个层次（见图3.3）。

其中，棉花产品国际竞争力是指一个国家（或地区）生产的棉花在国际市场竞争中占据和维持市场份额的能力，其竞争的主体是棉花；棉花产业国际竞争力是指在国家间自由贸易条件下，棉花产业在国际竞争中保持持续增长并不断获

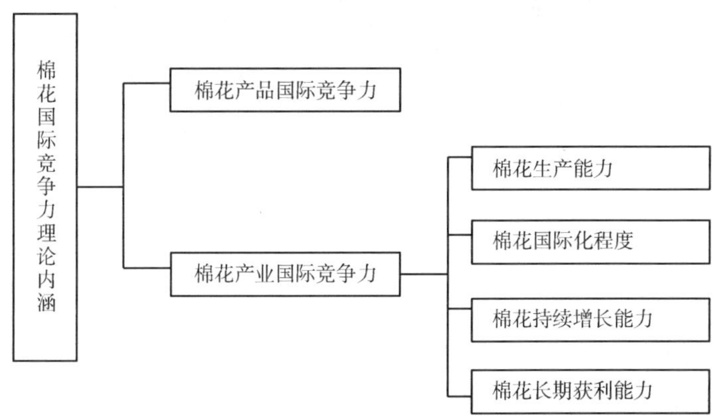

图 3.3　棉花国际竞争力的理论内涵

利的能力，其竞争的主体是整个棉花产业。具体来说，棉花产业国际竞争力包括以下四个方面的含义：

第一，棉花产业的生产能力。棉花产业的持续增长和获利能力都离不开棉花产业的生产能力。只有棉花产业的生产能力提高了，才能更好地参与国际贸易，才能更好地获得利益。

第二，棉花产业的国际化程度。随着经济全球化速度的加快，棉花产业被卷入了国际竞争。也就是说，棉花产业开始成为全球产业，并参与国际市场竞争。所以棉花产业国际化表现为棉花产业的一部分产品可供出口，成为可贸易产品，在棉花产品进口国市场与其他棉花产品出口国进行竞争，这种竞争将直接关系着中国棉花产业的可持续发展。

第三，棉花产业的持续增长能力。持续增长是国际化的棉花产业在国际竞争中取胜的标志，也是棉花产业在国际竞争中取胜的根本保证。由于棉花产业的国际化，使棉花产业只有战胜竞争对手，才能实现持续增长；同时，也只有保持不断增长的势头，才能提高棉花产业国际竞争力，在国际竞争中立于不败之地。所以棉花产业的持续增长与棉花产业国际竞争力的提高是相辅相成的。

第四，棉花产业的长期获利能力。每一个产业发展的目的都在于获得利益，获利的目的又是促进产业的进一步发展，棉花产业自然也不例外。随着国际竞争由国外市场转向国内市场，棉花产业已不仅仅是一个国家的出口创汇部门，而是一个能靠自我积累，实现自主增长的独立发展产业，因此保持长期获利性显得格外重要。只有保持长期获利，才能切实地保障农民的利益，提高农民收入；也只有保持长期获利，才能不断增加积累，增强扩大再生产的能力，提高国际竞争力，在激烈的竞争中取得胜利。

2. 选择棉花产品和棉花产业作为研究对象的理由

首先，棉花产品是农业内部产业分支的代表物，同时也能反映棉花产业实体的生产经营能力。产品虽然是个微观的概念，但它不仅仅表现为一定的物理形态，同时还是特定产业和产业中企业参与市场竞争的实物载体。对棉花产品来说，这种联系就更加密切。由于最终消费的棉花产品与初级棉花之间的联系十分密切，一种棉花产品的生产和加工可以视为棉花产业的一个产业分支；而市场上每种棉花产品又与从事该种棉花产品生产加工的经济实体密切相关，一定的产品总是要经由一个实体（可能是各种所有制结构的农业企业，也可能是个体生产者或农户）来生产并转化为商品。所以一定的棉花产品既体现了特定的棉花产业分支的所有特征，又体现了棉花产业生产经营实体的能力。

其次，棉花产业与其他产业间的竞争注定处于劣势。也就是说，研究棉花产业国际竞争力实际上是研究棉花产业如何借助国内国际市场实现产业内的竞争。这种研究可以帮助我们找到中国棉花产业的优势与劣势，从而找到提高棉花国际竞争力的对策。

最后，在中国现有的棉花产业经营方式下，棉花产业国际竞争主体的缺位也使本书将棉花国际竞争力的研究对象定位于产品与产业（见图 3.2）。自 1978 年中国实行家庭联产承包责任制以来，中国农业生产一直以农户家庭为基本生产单位和经济实体。由于土地资源的制约和要素流动的阻滞，中国农业至今仍停留在人均三分地的低水平、超小规模生产，这种小规模农户根本无法承担开放市场和全球贸易中竞争主体的角色。

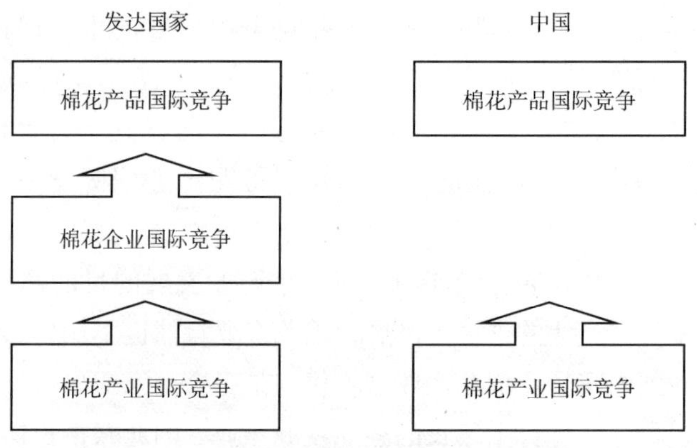

图 3.2　中国棉花国际竞争主体缺位情况

随着中国改革开放的进行，农业竞争越来越处于一种开放市场的背景之下，国外农业以大型食品企业为主体进入中国市场。然而，中国农业无论是进入国际市场还是在开放的本土市场上与国外农业相竞争，都缺乏与国外农业食品公司处于同一竞争平台的竞争主体。数据表明，1990 年日本大中型食品加工企业只占食品加工企业总数的 27.3%，但其食品产值却占日本食品工业总产值的 84.5%。这些都表明发达国家的农业产业化龙头企业已经发展成为规模化、集团化、现代化企业，而中国农产品加工企业虽然数量众多，企业规模却很小，与发达国家差距甚远。棉花作为农业的一个分支，面临的境况和整个农业产业是一样的。

因此，这样一种棉花企业竞争主体的缺位也迫使本书将棉花国际竞争力定位于棉花产品国际竞争力和棉花产业国际竞争力。

（二）棉花产品国际竞争力与棉花产业国际竞争力的关系

实际上，棉花产品国际竞争力与棉花产业国际竞争力之间关系密切。首先，棉花产品国际竞争力是棉花产业国际竞争力的直接表现，棉花产品是棉花产业竞争的最终比较物。也就是说，棉花产业的国际竞争必须依托棉花产品作为载体，以降低棉花产品生产成本、提高棉花产品质量、增加棉花产品特性、改善棉花产品生产技术、提高棉花产品生产效率等方式来赢得产业竞争力。其次，棉花产品国际竞争力的提高依赖于整个棉花产业国际竞争力的提高。棉花产业发展环境的改善会提高棉花产业国际竞争力，棉花产业国际竞争力的提高又将表现为棉花产品国际竞争力的增强。

正因为棉花产品国际竞争力与棉花产业国际竞争力之间关系密切，所以本书将在棉花国际竞争力理论的基础上，先分析中国棉花产品的国际竞争力，进而分析中国棉花产业的国际竞争力，将分析从产品推向产业，并较好地解决产品与产业层次国际竞争力研究的结合问题。

二、棉花国际竞争的主要特征

棉花国际竞争服从竞争力理论的一般规律，但同时又有着鲜明的个性特征。棉花产品在生产加工过程、产品形态、市场营销和市场需求上所具有的特征，棉花生产的周期特征、对自然资源的依赖等都使棉花国际竞争的研究不能采取与一般工业制成品国际竞争力研究完全相同的研究方法和研究路径。具体来说，棉花国际竞争的特征主要体现在以下几个方面：

1. 高度的自然资源依赖是棉花国际竞争区别于工业国际竞争的首要特征

棉花生产受到地区土壤、气候、水源、作物品种等资源条件的硬制约，这是造成国家间棉花产品品种和质量差异的首要原因，并且是单个棉花生产者乃至政府都无法控制和改变的，这一特征使资源禀赋对棉花国际竞争具有比工业国际竞争重要得多的影响。从这里可以看出，棉花的产业内贸易在很大程度上仍然取决于不同地区自然资源禀赋差异，而制造业的产业内贸易是基于地区间相同的资源禀赋。

2. 棉花国际竞争力与政府的支棉力度密切相关

政府对棉花产业支持的主要依据是棉花的基础性和弱质性特点，经验表明，政府对棉花产业的支持是提升棉花国际竞争力的重要因素。例如，美国、乌兹别克斯坦、澳大利亚、希腊等国家是世界棉花产品生产和出口大国，其棉花出口数量大，国际市场占有率高，产品质量好，加工度深，附加值高，市场竞争力强。这其中固然有这些国家棉花生产的规模化程度高、机械化应用广、农业科技发达等客观因素，但是政府对棉花产业实施的各种形式的保护和扶持政策也是重要的原因。当然，不可否认的是，政府对棉花产业的支持也使棉花贸易成为商品贸易中受政策扭曲程度最深的领域。

三、棉花国际竞争力的表征指标

根据前面的分析，棉花国际竞争力主要表现为棉花产品的国际竞争力、棉花的生产能力、棉花的国际化程度、棉花持续增长的能力和棉花的长期获利能力这五个方面。为了尽可能定量地分析中国棉花的国际竞争力，需要找出其各自的表征指标。

棉花产品的国际竞争力是棉花国际竞争力的直接表现，可以运用比较优势指标体系，如显性比较优势指数、相对出口优势指数、显性贸易竞争力指数、产业内贸易指数和显性出口竞争力指数及国内资源成本系数来直接衡量。

棉花的生产能力是棉花国际化与棉花获利能力的基础。棉花的生产能力通常可以用棉花产量来表示。

棉花的国际化程度表明了棉花参与国际竞争的程度。国际化程度越高，棉花的国际竞争力越强。棉花的国际化主要表现为棉花产品的出口能力和国内棉花产品市场的开放程度，具体可用棉花的出口依存度、棉花产品的出口量（额）占世界出口总量（额）的比重、棉花产品的出口在主要进口国市场上的份额、进口棉花产品及其加工制品在国内市场的份额等指标来表示。其中，棉花的出口依存度是指主要棉花产品及其加工制品的出口量（额）占其产量（值）的比重；棉花产品的出口量（额）占世界出口总量（额）的比重、棉花产品的出口在主要进口国市场上的份额都可反映一国棉花的出口能力。

棉花持续增长的能力是反映棉花在国际竞争中长期保持竞争优势的重要标志，一般可用棉花产品及其加工制品的产量增长、棉花产品及其加工制品的出口增长等指标来表示。棉花产品及其加工制品的增长率与其变化趋势等指标反映棉花产业本身的增长情况；棉花产品及其加工制品的出口增长率及其变化指标反映棉花出口的增长情况。

棉花的长期获利能力是保证棉花稳定发展的充分必要条件，也是棉花产业国际竞争力的最直接体现。在定量分析时，可以用各国棉花产品的人均生产能力与各种生产指数及人均生产指数来衡量。

第三节 棉花国际竞争力的来源

研究棉花国际竞争力的目的不仅仅在于客观地描述棉花产品与棉花产业竞争的实际结果，更重要的是要发现决定或影响棉花国际竞争力的因素，即寻找导致棉花竞争的实际结果以及未来趋势的原因，从而找到提升棉花国际竞争力的方法。

一、棉花国际竞争力来源的层次结构模型

一般而言，决定棉花在国际市场上竞争结果的主要有两方面因素：价格因素和非价格因素。与之相对应，棉花国际竞争力可分解为价格竞争力（通常通过棉花产品国际竞争力表现出来）和非价格竞争力（通常通过整个棉花产业的国际竞争力体现出来）。这两个因素又是由许多因素决定的，如果我们把决定或影响棉花国际竞争力各种因素的因果关系一直往前推溯，几乎可以涉及经济、社会、政治、文化的一切方面。显然，我们研究的对象是一个因果关系错综复杂的庞大系统。然而，无论现实世界中影响棉花国际竞争力的各种因素多么复杂，任何研究工作都只能把握其中一部分的（被判断为最重要的）因素，并将其构成分析框架的一部分，而分析的视野则主要集中于这些主导因素。

基于以上分析，我们需要科学地界定我们所研究的对象的边界，对棉花国际竞争力的研究确定一个经济分析范式。本书在借鉴波特教授的钻石模型、Dong-Sung Cho 的九因素模型及中国工业经济研究所的工业国际竞争力模型的基础上，以棉花的产业特性和现实国情为基础，构建了一个棉花国际竞争力来源的层次结构模型（见图3.3），将本书的研究主要集中于棉花国际竞争力的直接来源、决定因素和影响因素的分析上。

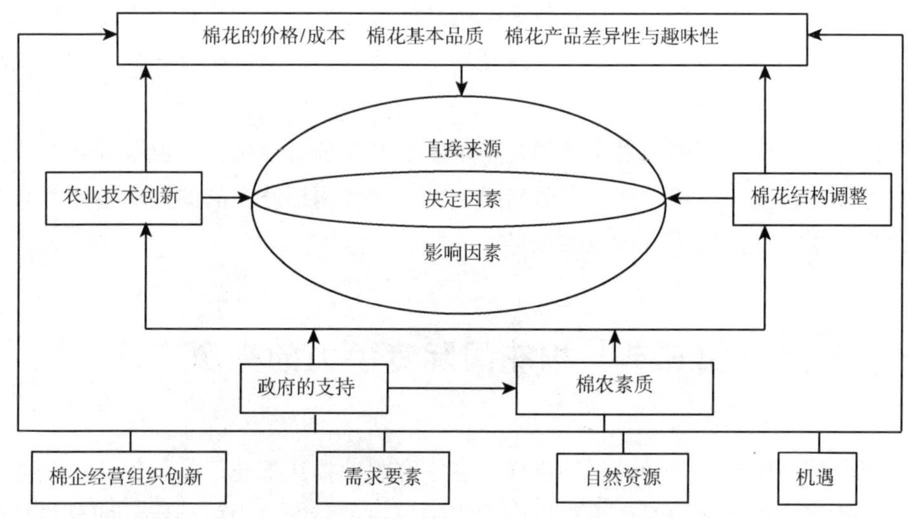

图3.3　棉花国际竞争力来源的层次结构模型

二、模型分析

（一）棉花国际竞争力的直接来源

产业国际竞争力体现的是在市场竞争中的比较关系，因而产业竞争力首先表现在市场上。正如前面对棉花国际竞争力的理论内涵的分析，棉花国际竞争力的直接来源是棉花产品的国际竞争力，即棉花产品在价格、成本、质量、品牌和差异化等方面比竞争对手所具有的更强的能力。这种在市场竞争中直接表现出来的棉花产品的国际竞争能力，称为棉花的直接竞争力。棉花国际竞争力的直接来源主要包括棉花价格及成本、棉花产品质量及产品差异化等方面。

1. 棉花产品价格及成本

与工业产品一样，决定棉花产品国际竞争力的第一因素是产品的价格，即相同的产品，在同一市场上，价格较低就具有较强的竞争力。然而，成本是决定产品价格的基础，成本的高低决定了产品是否具有价格竞争优势和获利能力，只有通过技术进步和技术创新降低制造成本从而在市场上赢得较低的销售价格时，才能真正体现产业的竞争力。“成本优势是企业可能拥有的两种竞争优势之一，成本对差异化战略极为重要，因为标新立异的企业必须保持与竞争者近似的成本”“尽管质量、服务以及其他方面也不容忽视，但是贯穿于整个战略的主题是使成本低于竞争对手的关键”。① 因此，无论是从用户选择的角度还是企业获利的角度，棉花产品的成本与价格优势都是棉花国际竞争力的基础来源。

2. 棉花产品基本品质

基本品质在这里是指消费者基于棉花产品的主要功能——消费功能对棉花产品本身做出的主观评价。尽管消费者个体的偏好与对品质的理解及体验各不相同，但消费者对棉花产品品质进行评价的基本内容是相对稳定的。总的来说，影响消费者对棉花产品品质评价的主要因素包括：

（1）质量。当今国际竞争越来越集中于产品质量的竞争，随着人们生活水平的提高和对健康的追求，棉花产品质量越来越成为棉花国际竞争力的功能性要素。质量既是棉花产品在市场上交换的根本前提，也是生产企业实现价值的决定性因素。在其他条件相同的情况下，质量高的棉花产品具有较高的市场竞争力。当然，棉花产品质量是一个远比价格复杂的因素。一方面，棉花产品质量的评价不仅涉及其物理化性能和技术等级问题，而且取决于用户对棉花产品质量的要求和认同，用户不需要的过高“质量”，会成为一种“过剩质量”，不能充分实现其价值。现代质量观已从符合转向满意，即衡量质量不仅仅是符合标准，而且要使用户满意，用户满意的棉花产品才是质量好的棉花产品。

这里特别补充的是，棉花企业社会责任对提高农产品质量的重要性。长期以来，企业一直被视为一个经济实体，以赚取最大利润为目标。自由经济的观点认为，社会主体都从利己主义出发从事各种经济活动，鼓励通过“看不见的手”最大限度地追求利润和财富。但在这种理论和意识的主导下，企业的这种单纯经济利益目标给人类社会带来了惨痛的教训。

企业社会责任（Corporate Social Responsibility，CSR）这个概念最早于 1924 年由美国谢尔顿提出。它是指企业在创造利润、对股东承担法律责任的同时，还要承担对员工、消费者、社区和环境的责任。企业的社会责任要求企业必须超越

① 迈克尔·波特（1997）：《竞争战略》（中译本），北京：华夏出版社 1997 年版。

把利润作为唯一目标的传统理念，强调要在生产过程中对人的价值的关注，强调对消费者、对环境、对社会的贡献。

结合我国棉花企业和具体国情，根据企业社会责任的属性，将我国棉花企业社会责任分为经济责任、法律责任、文化伦理责任、环境责任和社会公益责任五个维度。

第一，经济责任。与其他行业企业一样，棉花企业必须承担追求良好的经济效益、保障投资人利益、提升企业竞争力等责任，这是棉花企业得以生存的根本。除了这些企业具有共性的经济责任外，棉花企业还必须承担维护合作棉农利益的经济责任。棉农位于棉花企业的上游，是棉花产业化中重要的利益相关者，如果失去了棉农的合作和支持，棉花企业的农产品来源将无法得到保障。棉花企业必须严格履行和农户签订的协议，遵守契约规定，与棉农形成利益共同体，建立起稳定的供销关系，减轻和弱化棉农的市场风险，保障棉农获得较为稳定的收益，达到和棉农的“双赢”和“多赢”状态，而不是把自身利益建立在损害棉农利益的基础上。此外，保障投资者利益要求棉花企业建立完善的公司治理结构和信息披露机制。

第二，法律责任。法律可以理解为社会的道德法典，遵守法律是强化企业社会责任的基础，是国家对企业实行的强制性约束。棉花企业必须在法律框架内实现经济目标，为经济目的而采取违法的措施，不仅要受到政府制裁，也会受到消费者抵制。因此企业在生产经营的各个环节都应该遵守国家的法律法规，遵守国际上的各种企业标准和同行业内的有关标准、职业规则等。法律责任内容主要包括：提供合格的产品和服务；维护消费者利益；在员工招聘、劳动合同签订、工资发放、劳动时间、社会保障和福利、提供安全和健康的工作环境等各个方面中维护员工合法权益；依法纳税；遵守公平竞争原则，促进良好竞争秩序和竞争规则的建立；不从事腐败、贿赂活动等。

第三，文化伦理责任。所谓企业的文化伦理责任是指在企业的生产经营活动中，要遵守社会伦理和社会道德的约束。伦理责任要求企业行事公道、正确，即使法律不要求这样做。虽然企业的经济和法律责任中都隐含着一定的伦理规范，但棉花企业还应遵循那些尚未成为法律的但为社会所公认的伦理规范，其内容主要包括：努力培育和提供健康的生态食品；促进诚信经营理念的推广；塑造健康和谐的企业文化；促进员工成长与发展等。在棉花产品和食品质量安全事件随处可见的情况下，棉花企业更应注重努力提升本企业的产品质量，为消费者提供健康的产品。

第四，环境责任。棉花产业在为人们提供了丰富的棉花产品的同时，也会对环境产生有益或有害的影响。有益的影响如净化空气、涵养水源、美化风景、维持生物多样性、文化传承等；有害的影响如一些化学养分和杀虫剂向自然界的流失、土壤侵蚀、空气污染和生物多样性的减少。棉花企业在农产品加工过程中对环境的影响类似于工业企业，多为有害的影响。因此农业企业必须承担起保护环境的责任。棉花企业应承担的环境责任可以分为：一是在生产经营过程中，要努力降低毒害物质的消耗，合理控制农药、化肥的使用；二是降低资源消耗，降低水耗、塑料薄膜使用量等；三是降低能耗，降低电耗、油耗等；四是降低污染物和废弃物排放；五是积极发展可持续的棉花生产模式。

第五，社会公益责任。社会公益责任属于企业自我裁量责任，是指企业在生产活动之余，还要积极参与社会的公益事业、福利事业、慈善事业等。社会公益责任设计许多方面，包括促进就业、为员工提供娱乐设施、为农村社区发展提供赞助和参加相关活动、参与社会公益活动等。

（2）外观。消费者对棉花产品品质的基本把握是从第一印象，即棉花产品的外观开始的。棉花产品外观也是消费者了解棉花产品质量特征最重要的信息渠道。棉花产品的外观主要包括农产品的颜色、形状、大小、光泽等视觉特征。消费者对棉花产品外观评价具有主观性，因此生产者和销售者必须在棉花产品外观上力求完美。

3. 棉花产品差异性与趣味性

按照西方经济学和当代国际贸易的观点，产品越具有差异性，则消费者从产品的消费中获得的满足程度就越高。虽然传统观念上，棉花产品被当作无差异产品，但是随着人们消费个性化的增强，棉花产品及其制品也逐渐表现出差异性。而且，只有满足各种不同需求层次的用户，生产相应功能层次的产品，并且具有较高的性能/价格比，才能真正体现出棉花产品的国际竞争力。所以棉花产品的差异性与趣味性也可以成为棉花产品差异化经营和质量竞争的切入点。

（二）棉花国际竞争力的决定因素

从本质来看，不同产业竞争力的决定因素是不同的，这种差异主要是由产业内在特性与产业发展阶段等具体国情所引起的。通过对棉花特征的深入分析以及与发达农业国家的比较发现，影响目前中国棉花国际竞争力的深层次原因主要来源于农业技术创新和棉花结构调整两个方面。也就是说，农业技术创新和棉花结构调整是棉花国际竞争力高低的决定因素。

1. 农业技术创新的内涵及其对提高棉花国际竞争力的作用

(1) 农业技术创新的内涵。农业技术是人类为了改造和利用生物有机体(植物、动物、微生物)，满足人类不断增长的需要，根据农业生产实践和农业自然科学原理，发展创造出来的各种工艺、操作方法和技能。农业技术创新是指农业科技成果，即新技术在农业生产实践中首次应用成功，它包括农业技术领域中的技术发明与创新的整个过程。也就是说，农业技术创新是一个不断构思发明新的农产品、新的农艺和新的农具设备，进行农业新技术的研究与开发或实验发展的全过程；是一个不断把农业新构思、新技术推广应用到农业生产实践中去的全过程；是一个引进、消化、吸收、模仿、改良、扩散农业新技术，重新组合原有农业技术的过程；也是一个应用先进的物质设备和应用资源有效、合理配置的手段，通过市场把农业新构想、新技术和原有生产要素（投入物）转变成新的农业和新的农产品的长期增值，不断提高农业生产的社会经济、生态效益的过程。

(2) 农业技术创新对提高棉花国际竞争力的作用。科学技术是第一生产力，技术进步和技术创新在提高棉花国际竞争力中发挥着关键的作用。当前，国外高新技术在农业上的应用，主要有生物技术、电子技术、卫星技术、工程技术、机器人技术、激光技术和遥测遥感技术等。这些技术的应用已彻底改变了农业的面貌，对促进棉花产业的可持续发展产生了积极而深远的影响。

经验表明，无论是土地生产率的提高，还是劳动生产率的提高，都是以科技进步为原动力的。要提高中国棉花产品的质量竞争力，更需要科技发展做支撑。离开了农业科技进步的支持，棉花产品的质量就无从提高。棉花生产结构的调整、棉花产业化的推进，也都是以农业技术进步为前提条件的。在解决棉花产品贸易中的各种技术壁垒、食品安全和卫生检疫标准等方面的争端时，需要发达的科技水平来保证。

依靠科技进步，发展新型棉花产业，是中国增强棉花国际竞争力的重要出路之一。综上所述，农业技术创新在提高棉花国际竞争力方面的作用主要表现在以下几个方面：

第一，农业技术创新可以改变棉花“弱质产业”的地位。在一些发达国家，棉花正日渐脱离以资源为基础的发展框架，转变为以科技为基础的高技术和高效益产业。国外的经验证明，农业技术装备水平若能超过工业，能以人工生长条件来代替自然生长条件，则棉花是完全可能成为高盈利性产业的。随着我国社会经济的发展和市场经济体制的不断完善，在农业产业结构调整中，农业资源约束和资金约束将逐步弱化，而市场约束和技术约束将逐步呈现。只有依靠科技进步和技术创新不断推进农业高科技化，加快实现棉花高新技术产业化，才能从根本上摆脱棉花“弱质产业”的困境，并缓解棉农收入增长缓慢的局面。

第二，农业技术创新可以通过提高棉花生产效率增强棉花国际竞争力。从中国棉花生产的整体情况看，棉花生产“靠天吃饭”的局面并没有从根本上得到改变，不少地方还在沿用“十亩地一头牛”的传统方式。中国绝大多数农民还是使用传统的手工工具从事艰辛的劳作，生产着传统的棉花等大宗农产品，对自然灾害缺乏应有的抵御能力，棉花产品的市场竞争力极低。由于劳动生产率低下和产品价值低，我国劳动力每年创造出的价值仅为发达国家的几十分之一。农业科技对农业生产的贡献率，我国为27%～35%，发达国家为70%～80%。现在，发达国家在棉花生产上，从播种、收获到加工等各个环节都实现了机械化配套操作，一些国家的棉花生产甚至已经进入了高科技时代，电脑、生物工程技术都得到了深入利用，良种普及率几乎达到了100%，这些差距最终都将表现在棉花生产效益和棉花产品竞争力的差距上。

进入20世纪90年代，世界农业科技革命更是迅猛发展，尤其是基因工程技术、生物技术、信息技术、计算机技术及遥感技术在农业中的推广应用，使棉花这个传统产业孕育着无限的生机和活力。因此，可以说，没有科技进步，就没有棉花产业的发展，没有科技的突破就不可能有棉花产业的飞跃。中国棉花产业的发展要发挥后发优势，就必须依赖农业科技进步。

总而言之，农业技术创新可以从两个方面提高棉花国际竞争力。一方面，农业技术创新和科技进步可以节约生产要素的投入量，可以提高棉花生产效率，降低生产成本，从而提高中国棉花产品的价格竞争优势；另一方面，农业技术创新可以提高棉花产品的技术含量和附加值，从而提高棉花产品非价格竞争优势，从而间接影响棉花国际竞争力。也就是说，农业技术进步和技术创新直接影响着棉花产品的质量、产量和成本，直接影响着棉花产业的运行效率，所以本书认为它是棉花国际竞争力的决定因素之一。

2. 棉花结构调整对提高棉花国际竞争力的作用

作为中国棉花国际竞争力的决定因素之一，棉花结构调整对提高我国棉花国际竞争力有着重要的作用。具体来说，进行棉花结构调整对提高中国棉花国际竞争力具有如下几个方面的积极意义：

第一，有利于中国棉花产品参与国际市场竞争。中国加入世界贸易组织已满十五年，中国棉花产业冲破自我封闭、自产自食的束缚，在经济全球化的大背景下进行棉花生产，是世界经济的一部分。经济全球化“涛如连山喷雪来”，不以人们的意志为转移。我国目前进行的棉花结构调整就是在找准自己的位置，扮演自己的角色，有利于把中国的棉花产业融入世界潮流之中。

第二，有利于增加棉农的收入，加速小康建设。在棉花产品供给短缺的情况下，棉花增产就意味着棉农增收。而在目前棉花产品相对过剩的情况下，棉花产品丰产棉农不一定就能增收。近些年来，部分地区有些棉花产品卖不掉，即使卖掉也得不到好价钱；而有的棉花产品由于适销对路，与种植大路货相比虽然产量不高，可是产品好卖且价格高，棉农收入增加。

第三，按照比较优势原则进行的棉花结构调整还可以实现有限资源的优化配置，将有限的资源转向有竞争力的部门和有竞争力的棉花产品上来，进而提高棉花的国际竞争力。所以棉花结构调整是增强棉花国际竞争力的重大举措，是棉花国际竞争力的另一个决定因素。

（三）棉花国际竞争力的影响因素

1. 政府对棉花产业的支持

（1）政府支持的含义。

政府对棉花产业的支持指的是以政府为主体，为了达到促进棉花产业发展的目的，不断提高棉花生产水平，巩固棉花产业地位，实现棉花产业的持续、稳定、健康发展而采取的一系列经济、法律和行政手段措施。它本身不带有歧视性，并不排斥外来的竞争，它是在改善棉花生产条件的基础上促进棉花产业的可持续发展。

需要注意的是，政府对棉花产业的支持政策与棉花产业保护政策有着根本的区别。棉花产业保护政策指的是政府通过种种法律或行政的手段，使棉农在实现其棉花产品价值时，能得到高于由市场均衡价格所决定的收入的一种政府行为，其实质是通过提高棉农收入来刺激棉农的生产，保障棉花的国内安全①，同时也起到阻止本国棉花产业免受外来竞争的作用。它对棉花贸易设置各种障碍，给所有涉及的国家都会带来一定的损失，会造成资源配置的不合理，使各国的比较优势不能正常发挥。

世贸组织（WTO）农业协议将农业政策分为两个部分：一部分是农业支持措施，主要包括政府在农业科技、病虫害、农产品检疫、基础设施建设方面所提

---

① 参见张哲、和丕禅（2002）：《农业保护与农业支持辨析》，载《中国农村经济》，2002 年第 1 期。

供的服务、政府实施的以粮食安全为目的的公共储备、国内食品、地区援助和经济结构调整计划等所引致的政府财政支出；另一部分就是农业保护政策，主要有政府的价格干预、关税和各种非关税壁垒措施等。WTO的宗旨是自由贸易，因此对各种保护措施都加以严格的限制，目前大多数国家的棉花政策已经由保护转向支持。

（2）政府对棉花产业的支持对提高棉花国际竞争力的作用。

尽管从当前世界各国的经济政策来看，总的趋势是减少政府干预，加强市场机制的作用。但是，由于棉花产业的特殊性，棉花产业的可持续发展依然需要政府的扶植。政府的支持对提高棉花产业国际竞争力的作用主要表现在以下几个方面：

第一，政府可以通过促进高级的专门要素的形成和加强农业科研建设来增强棉花产业国际竞争力。在各个国家，包括发展中国家和发达国家在内，政府的教育支出对教育事业的发展起着重要作用。政府对教育的投资越多，教育事业越发达，高级人才的数量就越多，质量就越高。此外，研究机构的发展在很大程度上也取决于政府的科研支出，那些研究机构发达的国家，往往也是政府的科研支出增长迅速的国家。现代化的农业基础设施和高级通讯系统的形成，也离不开政府的支持，在发展中国家尤其如此。

第二，政府可以加强农业公共性投资项目建设，以此增强棉花产业发展后劲。由于财政资金是国家主要通过税收形式无偿分配的集中性资金，因此，与银行信贷明显不同的是，财政支农支出的分配并不是把经济效益放在首位，对那些社会效益好、经济效益差的棉花产业公共性投资项目，如棉花新产品研发、土地生态环境改善、棉花产业科技教育等，财政在财力许可的情况下都会予以支持。这是政府支持棉花产业的一个重要方面，不仅可以增强棉花产业发展后劲，提高棉花产业综合生产能力，从长远来看，最终将促进棉花产业国际竞争力的提高。

第三，政府可以通过各种措施支持棉花产业发展，其对棉花产业的投入具有导向作用。在WTO框架所允许的范围内，政府可以通过某些措施扶持棉花产业的发展。如对棉花产业进行“绿箱”补贴，对某些出口棉花产品实行出口退税和出口补贴等，对棉花产业国际竞争力施加重要影响。此外，财政支持棉花产业发展还有更为重要的意义，即，集体棉农增加对棉花产业的投入创造条件和起导向带动作用。如果在一些项目投资比例上加之政策规定，还可以通过项目建设引导集体棉农的资金、劳务投入，从而间接提高棉花产业国际竞争力。

2. 棉农素质因素

（1）农业劳动者素质的内涵。

劳动者是生产要素的一种，是农业生产要素中第二种重要的生产要素（另一个重要的生产要素是自然资源，因为农产品多为资源密集型或劳动力密集型）。劳动者是生产力中最活跃的因素，农业劳动者素质的优劣决定农业竞争力的高低。

农业劳动者素质是一个综合概念，它主要包括农业劳动者的体质与知识技能两个方面。体质主要包括劳动者的身体和心理健康情况，而知识技能则是指劳动者所具有的文化科学知识、技术、能力、道德、观念、意识等方面的情况。市场经济体制下农民的知识技能应包括农民根据市场变化应用农业新知识、新科技进行生产、经营管理的能力。因此，高素质经营型棉农是棉花产业先进生产力的代表，是市场经济中最有生机和活力的市场主体。

正如本书第二章第二节所述，高等要素与专业型要素的培育是棉花产业竞争取胜的有利条件。因此，培育高级与专业型的棉农对提升棉花产业的国际竞争力具有极其重要的意义，关键是要创造新的高级人才和专业型人才并不断提高其素质。

（2）棉农素质对提高棉花产业国际竞争力的作用。

“对农民进行人力资本投资”被美国诺贝尔经济学奖获得者西奥多·W. 舒尔茨列为改造传统农业的三大对策之一。[①] 大量实践也证明，提高棉农的科技文化素质，对提高棉花产品质量、降低生产成本、提高劳动生产率都有着明显作用，而这些又都是棉花产品国际竞争力的重要基础指标。

3. 棉企经营组织创新

我国农村实行农户家庭承包经营制度以来，农业经营组织形式以家庭承包经营的农户为基础，以渐进式的调整和演变为特征，经过多年的改革探索，在稳定中求创新，不断向前推进，初步形成了具有中国特色的农业产业经营组织体系，为发展我国现代农业奠定了组织制度基础和重要依托载体。

与农业生产力发展水平阶段和政策环境相适应，我国农业经营形式在农户家庭经营的基础上，逐步扩展、创新，发展形成新格局。

（1）以土地适度规模经营为主的家庭农场经营。改革开放30多年来，在农户家庭经营体制保持基本稳定的前提下，大户经营（抑或是适度规模经营的家庭

---

① 参见焦守田（2003），“浅议政府在提高农产品国际竞争力中的作用”，载杨雍哲主编《论提高农产品国际竞争力》，第249－257页，北京：中国农业出版社，2003年1月版。

农场）脱颖而出，特别是在我国东部发达地区有一定代表性。20 世纪 90 年代初期，随着乡镇企业的迅猛发展和工业化、城市化步伐的加快，农村大量劳动力转移到了第二、第三产业。与农村劳动力转移大趋势相适应，苏南地区开始鼓励土地向种田能手集中，创办适度规模经营的家庭农场。以户均 15 亩土地为低限，90 年代中期苏南地区 50% 以上的土地实现了适度规模经营。在欠发达地区，以大户的形式实现土地流转及农业适度规模经营的也有所发展。

（2）以涉农龙头企业为带动的农业产业化经营（包括以农业开发园区为载体的涉农企业（公司）农业综合经营）。农业产业化经营说到底仍然是农业产业组织经营问题及农民的组织化问题，它不只等于"龙头企业 + 农户""龙头企业 + 中介组织（或合作社） + 农户"，以农业开发园区为载体的涉农企业（公司）农业综合经营也是其重要组成部分。农业产业化经营为农业的公司化开辟了途径。

（3）以农民专业合作社为重点的互助合作经营。近年来，农民专业合作组织呈现出新的发展特点：一是发展类型多样化，组织内部成员关系有紧密和松散之别。二是国家从政策上更加增加重视农民专业合作经济组织的发展，做出了一系列新的部署。

同理，棉农经营组织创新在很大程度上可以提升棉花产品质量，提升棉花产业竞争力。

4. 需求要素

需求要素主要是指国内需求，按照林德的需求偏好相似理论，本国需求条件是一个行业及其产品是否具有国际竞争力的一个重要影响因素。国内的需求结构、状况制约和决定着出口贸易结构，因为企业的投资、生产和市场营销首先是从本国需求来考虑的。因此，国内需求状况的不同会导致各国竞争优势的差异。当本国需求占全球细分市场较大份额时，本国产品易于占据竞争优势。如果本国需求具有超前性，那么为之服务的本国企业和产品也就相应地走在了世界其他企业的前头。如果本国需求比较挑剔，拥有众多挑剔的购买者，将会迫使当地生产企业在产品质量、品质和服务方面满足消费者的高标准要求。在这种需求环境下成长起来的生产企业必然经过千锤百炼而使自己具有较高的竞争力。国内市场的先行饱和会导致产品价格下降，迫使当地企业进行创新和升级，积极开拓国际市场，不断提高竞争力。

5. 自然资源

自然资源影响着棉花产业的国际分工地位、增长状况和获利状况。一般情况下，在其他条件一定时，自然条件优越，所需要的自然资源越丰富，棉花产业参与国际分工的能力就越强，在国际分工中的地位就越重要，增长率就越大，获利能力也越强。反之，自然条件越差，所需的自然资源越贫乏，则棉花产业的国际竞争力越弱，在国际分工中的地位越不重要。

因此，自然资源对棉花产品和棉花产业国际竞争力的改进，主要是解决自然资源的合理开发与利用。通过棉花生产布局调整，将棉花安排在最适宜的自然生态区域进行种植和生产，充分利用不同地域的自然资源禀赋，扬长避短、趋利避害，可以提高棉花产品的产量、品质，并降低生产成本，形成棉花产品的专业化生产与区域化布局。通过对劣质资源和闲置资源的科学改造，提高其利用率和产出效率，增加资源丰度，为棉花生产提供更为广阔的空间。通过资源的匹配（如土地与水资源的匹配），使资源的自然潜力得到充分发挥，使资源配置在提高棉花产品生产效率和产品质量，降低棉花产品生产成本中的效能得到更大的发挥。

6. 机遇

机遇的重要性在于，它们造成了非连续性，改变了各国的国际竞争地位，可能使不适应新形势的国家或企业失去其国际竞争优势，也可能为适应新形势的国家或企业赢得国际竞争优势提供了机遇。诚然，一个国家或企业能否利用偶然事件所提供的机遇赢得国际竞争优势，还要取决于其他各种因素，尤其是取决于该国企业把握市场机遇的能力。同样的机遇在不同的国家，也可能产生完全不同的结果。

对棉花产业来说，机遇是指非常好的气候（比往年都要好的适合棉花生长的天气，这是由棉花生产的特殊性决定的，因为棉花生产和加工的成果很大一部分取决于良好的气候）或发明活动、重大的技术发明、世界形势的变化等。

第四章　世界及中国棉花生产与贸易情况

棉花产品国际竞争力是棉花国际竞争力的直接体现。在分析产品竞争力时，比较优势指标是最常用的。这是因为比较优势理论源于解释国际贸易原因和贸易利益的主导理论，经历了从古典贸易模型到新古典贸易模型的发展，已形成较为完善的体系。因此，本章主要运用比较优势指标体系来衡量我国棉花的产品竞争力，并对之进行国际比较。

第一节　世界棉花生产与贸易情况

一、世界棉花生产概况

棉花的种植历史可以回溯到古文明时代的印度河流域文明时代，在当时的人类文明时代就已经出现了棉花的种植，数千年后棉纺织品开始传入其他地区。在棉花以及棉纺织品的传播过程中，阿拉伯人和摩尔人做出了突出的贡献。阿拉伯人首先将棉花带给了其他大洲的居民，而摩尔人将棉花的种植技术带到了欧洲大陆，随后又被英国人带到了美洲大陆，后来棉花便逐渐成为世界主要的经济作物，促进了纺织产业的发展。

全世界生产棉花的国家和地区有近一百个之多，但生产区域比较集中，大多分布在亚洲和北美洲。21 世纪以来，世界棉花的总产量除个别年份之外，总体趋势是增加的，2001 年世界棉花总产量为 2107. 34 吨，2013 年达到 2454. 36 万吨，增加了 300 多万吨，增长了 16. 47% （见表 4 - 1）。2016 ~ 2017 年，全球棉花产量预计为 2290 万吨①。目前不论在产量还是种植面积上亚洲棉区都远远超

① 数据来自：中国农业新闻网，http：//cj. cnguonong. com/newshtml/268165. html。

过其他大洲的棉花产区，2014 年亚洲棉花总产量占到全区棉花总产量的 71%。北美洲是全球第二大棉花种植的大洲，2014 年其棉花产量占到当年全球棉花总产量的 12%，其余依次为南美洲（6%）、非洲（6%）、大洋洲（4%）、欧洲（1%）。

表 4.1　　2001 ~ 2014 年世界各国棉花产量　　单位：万吨

	2001 年	2003 年	2005 年	2007 年	2009 年	2011 年	2013 年	2014 年
世界	2107.34	1946.72	2448.30	2504.96	2087.68	2613.02	2454.36	2534.80
印度	169.95	233.40	314.50	440.00	408.34	598.40	605.20	618.80
中国	532.35	485.97	571.40	762.36	637.70	658.90	629.90	617.83
美国	442.05	397.46	519.90	418.18	265.35	341.26	284.20	359.30
巴基斯坦	180.52	170.91	221.45	189.23	211.14	231.20	217.13	237.45
巴西	87.22	72.66	121.05	135.66	95.62	167.33	112.77	141.22
乌兹别克斯坦	101.50	94.55	125.00	113.00	112.82	113.50	109.40	110.67
澳大利亚	81.90	38.71	64.51	30.14	32.90	84.36	89.80	88.50
土耳其	91.44	91.95	86.37	86.77	63.83	95.46	83.25	84.60
阿根廷	16.70	6.50	16.00	17.00	13.50	34.00	19.00	32.70
希腊	45.56	36.46	41.06	28.50	21.50	23.32	28.00	30.80
墨西哥	9.69	6.52	13.80	13.70	9.00	27.40	17.20	30.20
布基纳法索	11.40	16.30	25.04	14.71	18.30	15.00	28.00	26.55
马里	24.00	25.97	18.70	7.50	7.20	12.00	12.68	23.27
土库曼斯坦	36.00	23.50	33.00	31.30	22.01	19.50	19.80	19.50
埃及	33.00	19.80	20.20	22.20	9.50	18.10	10.60	11.30

资料来源：国际粮农组织数据库（FAO），http：//www.fao.org/faostat/en/#data，Cotton lint 皮棉的数据。

2001 ~ 2013 年，世界上棉花产量较大的国家和地区的排名相对较为稳定，排名前五的国家（地区）十二年间只更换了一个。但是，2014 年世界棉花产量最大的国家（地区）的排名变化较大，阿根廷、墨西哥、马里的棉花产量增长较快，其中阿根廷排名超过了希腊，墨西哥排名超过了布基纳法索，马里排名超过了土库曼斯坦。而近年来中国棉花产量呈下降趋势，而印度棉花产量增长较快，所以 2014 年印度以 1 万吨的微小优势超过中国，跃居世界棉花产量第一位。

2001 年，世界上棉花产量最大的五个国家依次为中国、美国、巴基斯坦、印度和乌兹别克斯坦，这五个国家的棉花总产量占全球棉花总产量的67.69%。2014年棉花产量最大的五个国家分别为印度、中国、美国、巴基斯坦和巴西，这五个国家的棉花总产量为1974.61万吨，占全球棉花总产量的77.90%。

亚洲主要的棉花生产国家依次为中国、印度、巴基斯坦、乌兹别克斯坦和土耳其，占亚洲棉花总产量的94.53%。中国是全球最大的棉花生产国之一，占全球棉花总产量的1/4左右，2007年之前由于单产的不断提升使产量不断增加，但从2007年以来产量不断下降，由2007年的762.36万吨下降至2013年的629.90万吨，降幅明显。印度2001年以来棉花产量显著增加，2001～2013年平均每年增加21.50%，2014年更是以略微的优势超过中国成为世界第一棉花生产国，最主要的原因在于2001年以来印度棉花种植面积的增加较快。目前印度在种植面积和产量上均已超过中国成为全球棉花种植面积最大的国家，该国生产的主要为长绒棉和超长绒棉，棉花品质较好。巴基斯坦产量比较稳定，产量略有增加，但一直保持在200万吨左右，乌兹别克斯坦和土耳其产量也较为稳定，在100万吨左右（见表4.1）。

北美洲是世界第二大棉花种植的大洲，2014年其总产量占全球总产量的12%，其中，美国是北美洲最主要的产棉国。美国的棉花产量近十二年来波动较大，最大年份产量超过500万吨，最低年份不足300万吨，虽然波动较大，但是在2001～2013年的总体趋势是下降的，2013年美国棉花产量下降至284.20万吨，总产量世界排名在2007年被印度超过，排名世界第三。2014年美国棉花产量则出现较大增长，产量达到359.30万吨，占当年北美棉花总产量的96.42%。墨西哥相对美国来说，所占份额较小，仅占不到5%的比重，但是2014年墨西哥棉花产量较2013年出现了较大增长，产量达到30.20万吨，排名超过了布基纳法索。

欧洲、南美洲、大洋洲和非洲的棉花总产量占世界总产量的不到1/5，其中较大的棉花生产国家为巴西、阿根廷、巴拉圭、埃及、布基纳法索、马里、科特迪瓦、贝宁、澳大利亚和希腊，这些国家中只有巴西和澳大利亚产量较大，均在100万吨左右，其他国家的棉花产量较小。

2001年以来，世界棉花的种植面积变化不大，总体种植面积较为稳定。据联合国粮农组织（FAO）统计，21世纪以来，世界棉花的种植面积一直保持在3300万公顷左右，且每个年度的涨跌幅度都在10%以下，种植面积在3000万～3500万公顷之间浮动。全球棉花种植面积在2004年达到3507万公顷的最大值，随后几年种植面积不断下降，直到2010年棉价大涨种植棉面积再度回升至2011年的3540万公顷。世界棉花的种植总面积从1970年的3178万公顷增加到2014年的3496万公顷，近五十年以来仅增长了不到9%。

虽然种植面积变化不大，但总产量却增长明显，这主要归功于全球棉花种植技术的不断改进和种植工具的发明创新。世界棉花的单位面积产量1970年为每公顷369公斤，2013年则上升至每公顷764公斤，翻了一番还多。

世界棉花的种植区域十分集中，2014年世界棉花种植面积排名前八的国家分别为印度、中国、美国、巴基斯坦、乌兹别克斯坦、巴西、墨西哥和马里。其中印度棉花的种植面积最多，2013年棉花种植面积为1170万公顷，比中国的两倍还多，较2001年增长41.56%。常年种植面积在100万公顷以上的国家和地区有六个，占世界棉花总种植面积的76.47%，分布较为集中。

2014年全球棉花单位面积产量每公顷平均758公斤，其中澳大利亚单位面积产量排名第一，每公顷超过2000公斤，其次为巴西，中国和墨西哥紧随其后。印度虽然是世界棉花种植面积最大的国家但是其单位面积产量相对比较低，2013年仅为每公顷475公斤，低于世界每公顷764公斤的平均水平，不足中国棉花单产水平的1/3。中国是世界上棉花种植面积排名第二的国家，占世界棉花总种植面积的15.45%，不到印度的一半。但中国的棉花单位面积产量较高，2013年为每公顷1449.50公斤，接近全球平均水平的两倍。

2017年国际棉花咨询委员会（ICAC）发布的6月全球产需预测称，尽管中国以外地区库存上升，但国际棉价仍保持在较高水平。2016~20117年，全球棉花产量为2290万吨，消费量2430万吨，连续第二个年度超过产量。因此，全球期末库存预计下降7%至170万吨。不过，库存的减少全部来自中国，中国期末库存预计下降17%至920万吨。中国以外地区的库存则增长6%至800万吨。尽管如此，本年度以来（2016年8月至2017年5月）考特鲁克A指数平均值仍为82美分，远高于70美分的历史长期均值。2017年5月，中国总计销售34万吨储备棉，低于前两个月的成交量。不过，自3月6日竞拍开始以来，储备棉累计成交已超过120万吨，目前的储备棉库存可能到720万吨。本年度，中国棉花产量减少2%至490万吨，但消费量增长2%至770万吨，进口量预计增长10%至106万吨，是2011~2012年以来首次增加，储备棉是满足用棉需求的必要补充，也使中国棉花库存下降。2017~2018年，中国棉花产量预计增长3%至500万吨，消费量预计稳定在770万吨。本年度，中国以外地区的棉花产量预计增长10%至1800万吨，2017~2018年预计增长

5%至1900万吨。印度植棉面积预计增长7%至1130万公顷，按近四年平均单产计算，产量预计增长3%至600万吨。美国植棉面积预计为460万公顷，产量预计增长12%至420万吨，是十年来最高水平。巴基斯坦棉花产量预计增长13%至190万吨。如果高棉价持续到2017年年底，巴西植棉面积有望增加，产量可能增加到150万吨。随着全球经济的增长，2017～2018年中国以外地区的消费量预计增长2%至1690万吨。印度棉花产量增加会使印度棉花和棉纱保持竞争优势，印度消费量预计增长3%至520万吨。虽然巴基斯坦政府发布了促进纺织业发展的计划，但来自亚洲其他国家的竞争依然激烈，巴基斯坦消费量预计增长1%至230万吨。孟加拉国的国内外需求依然旺盛，棉花消费量预计增长5%至150万吨。由于亚洲国家竞争激烈、本国纺织品消费疲软，土耳其棉花消费量预计减少至140万吨。2017～2018年，全球棉花进口量预计稳定在810万吨①，棉花消费大国的产量预计提高，在一定程度上削弱了对棉花进口的需求。

二、世界棉花贸易概况

（一）世界棉花总体贸易情况

棉花是常用的纺织原料，是重要的国际贸易商品，全世界有150多个国家参与到棉花的贸易活动中。在2001年之前，世界棉花出口量占当年棉花总产量不到30%，2016年该比重接近40%，一定程度上说明棉花进出口贸易活动更加频繁。世界棉花的出口量除2008年金融危机以外均以平缓的速度增长，而出口额由于受到国际棉花价格的影响，起伏较大，但从1970年以来总体趋于上涨趋势。全球棉花出口量从1970年的400.02万吨增长至2013年的962.46万吨，翻了一番还多，其中2008年和2009年由于金融危机的影响，出口量大幅下滑，但2010年随着全球经济的复苏，棉花出口再次增加。而出口金额从1970年的19.05亿美元增加至2013年的183.52亿美元，四十年间增长了八倍多，一方面是出口量的增加的原因，另一方面由于棉花价格的大幅上升使棉花出口金额增长迅速。但是，此后，全球棉花的出口额都呈下降趋势，2016年已下降至99.79亿美元（见表4.2和图4.1）。

---

① 数据来自：ICAC 6月月报：中国库存大幅下降　国际棉价持续偏高，http：//www.ctei.cn/marketinfo/mhgjps/201706/t20170605_2691407.htm。

表 4.2　世界棉花的进口和出口情况　单位：亿美元

年　份	进口总额	出口总额
1970	20.23	19.05
1975	36.40	34.99
1980	59.88	66.22
1985	53.98	47.49
1990	88.26	71.63
1995	114.77	80.31
2000	80.91	63.63
2005	107.46	89.14
2009	74.81	52.45
2010	171.62	147.02
2011	257.96	210.52
2012	240.81	203.69
2013	212.33	183.53
2014	152.98	144.64
2015	133.33	108.19
2016	80.97	99.79

资料来源：UN COMTRADE Database.

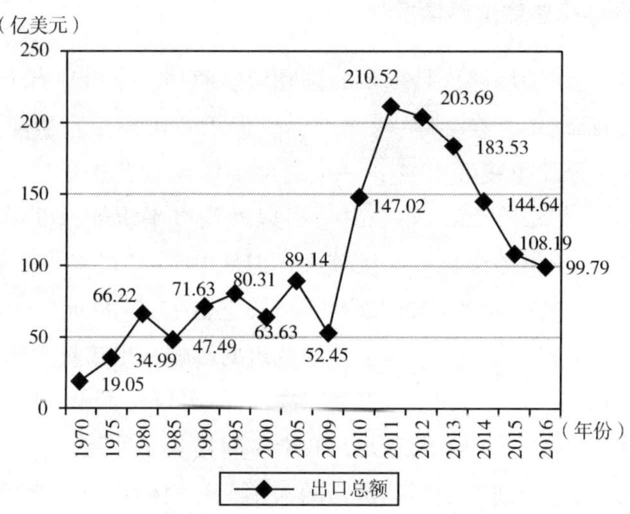

图 4.1　世界棉花出口变化趋势图

（二）世界棉花出口结构

从大洲来看，2011 年之前北美洲是全球出口棉花最多的地区，2012 年之后亚洲超过北美洲成为世界出口棉花最多的大洲。2013 年亚洲出口棉花总量为 338.86 万吨，占全球棉花出口总量的 41.20%，北美洲紧随其后，棉花出口总量 278.93 万吨，占世界棉花出口总量的 33.90%[①]，其他大洲所占份额不多，依次为大洋洲（14.01%）、南美洲（7.20%）、欧洲（3.89%）。

从国别结构来看，2001 年，世界棉花出口前五位的国家依次为美国、澳大利亚、乌兹别克斯坦、希腊和叙利亚，占世界棉花出口总量的 66.73%，到 2013 年世界棉花出口前五位的国家依次为美国、印度、澳大利亚、巴西和乌兹别克斯坦，占世界棉花出口总量的 74.56%，其他国家所占的份额一直都不是很高，叙利亚、以色列、德国、哥伦比亚、科特迪瓦等国在 2001 年之前在全球棉花出口中排名比较靠前（均位于前十名），但到了 2013 年这些国家在全球棉花出口中的排名下降。2016 年，全球棉花出口排名靠前的国家依次为美国、印度、巴西、澳大利亚和希腊，占世界棉花出口总量的 83%（见表 4.3 和图 4.2）。由此可见，世界棉花的出口市场集中度较高，且集中度在最近十几年中进一步增加。

表 4.3　2016 年棉花出口排名靠前国家情况　单位：亿美元

国家	出口金额
美国	40.33
印度	14.51
巴西	12.29
澳大利亚	12.08
希腊	3.50
其他国家	17.09
总金额	99.79

其中，美国从 20 世纪六七十年代开始就一直是全世界最大的棉花出口国，一直保持着全球 30% 左右的出口市场的份额，2006 年以前美国棉花一直保持着逐年增长的态势，2006 年达到最大值 350.64 万吨，此后棉花出口量便逐年下降，最近三年基本保持稳定。印度是棉花出口发展最为迅速的国家和地区之一，2001 年以前印度棉花出口量在 1 万吨以下，但 2002 年随着全国棉花种植面积的增加，使棉花产量和棉花出口量同步大幅增加，2013 年比 2001 年棉花出口量增加了

① 数据来自联合国粮农组织数据库。

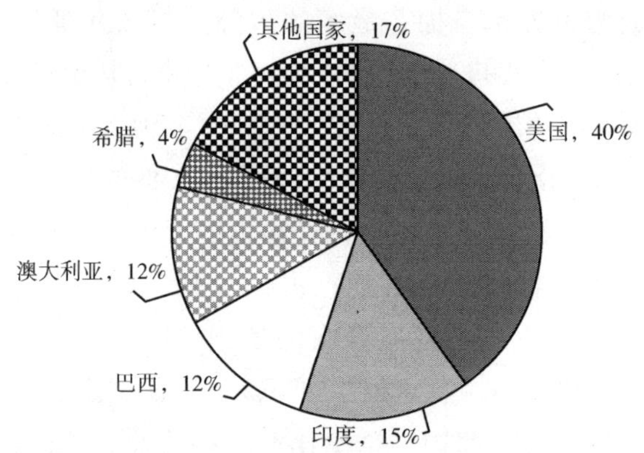

图 4.2　2016 年棉花出口大国占比情况

400 多倍，增幅明显。期间，只有 2008 年受到金融危机的影响，出口量大幅下降，其他年份都保持着稳定增长。澳大利亚从 2001 年以来一直位于世界棉花出口前五的国家，其出口趋势与美国相反，2008 年之前出口量不断萎缩，到 2008 年只有 22.56 万吨，2008 年之后又不断增加，并最终超过以前年度，棉花出口量超过 100 万吨。乌兹别克斯坦有 2000 多年的棉花种植历史，素有“白金之国”的美誉，棉花产量占中亚棉区产量的 2/3，是全球第 6 大棉花生产国，但从 2005 年以来，乌兹别克斯坦的棉花出口量大幅下滑，棉花出口从 2001 年的第三名下降至 2013 年的第五名，出口量从最高的 102.00 万吨下降至 2013 年的 30.96 万吨，最近几年则已经被希腊超越。

（三）世界棉花进口结构

亚洲和欧洲是世界上最主要的棉花进口大洲，其他大洲所占份额较小。2001 年亚洲棉花进口总量为 350.77 万吨，欧洲棉花进口总量为 143.59 万吨，两个大洲的棉花进口量总和占全球棉花进口总量的 83.56%。

2001 年之后亚洲棉花进口总量总体处于增长的趋势，到 2013 年进口量增长了一倍还多。2013 年亚洲棉花进口量占当年全球棉花进口量的 90.21%，进口市场集中度十分高。从 2001 年开始，欧洲棉花进口量不断大幅萎缩，由 2001 年的 143.59 万吨萎缩至 2013 年 29.25 万吨，减少了 100 多万吨。

从国家层面来看，全世界主要的棉花进口国主要有印度尼西亚、中国、泰国、印度、马来西亚、墨西哥等国家，2001 年全球棉花进口排名前五位的依次为印度尼西亚、土耳其、中国、墨西哥和泰国，占世界棉花进口总量的 40.98%。

2013 年全球棉花进口排名前五位的依次为中国、土耳其、印度尼西亚、孟加拉国和越南，占世界棉花进口总量的 74.89%。2016 年全球棉花进口排名前五位的是中国、土耳其、印度尼西亚、印度和巴基斯坦，占世界棉花进口总量的 69%（见表 4.4 和图 4.3）。因此，总体来看，全球棉花进口的市场集中度高，市场集中度在十多年间有了较大幅度的提升。

表 4.4 2016 年棉花进口排名靠前国家情况 单位：亿美元

国家	进口金额
中国	17.78
土耳其	12.47
印度尼西亚	10.88
印度	8.85
巴基斯坦	5.83
其他贸易伙伴	25.16
总金额	80.97

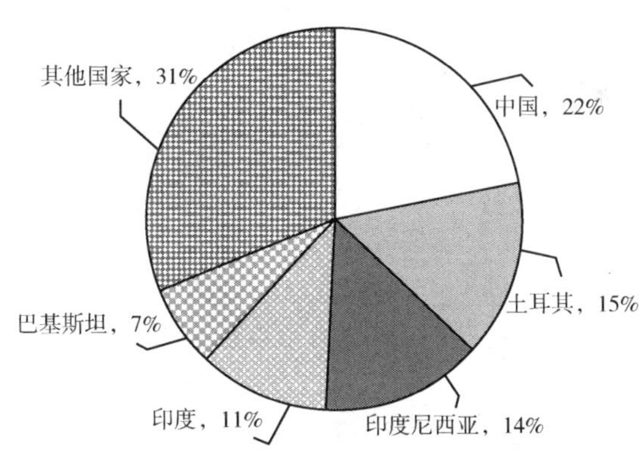

图 4.3 2016 年棉花进口大国占比情况

在中国加入世贸组织以前，中国棉花进口占世界棉花进口总量不足 8%，加入世界贸易组织以后进口量迅速增加到 2006 年的 400.40 万吨，随后由于金融危机的影响，进口量大幅下滑，2009 年仅为 180.41 万吨，减少一半多，随后进口量又大幅上升，最近三年进口量占全球进口量的 40% 以上，目前中国是全球第一大棉花进口国，2016 年棉花进口金额为 17.78 亿美元，占全球棉花进口总额的 22%。印度尼西亚、土耳其、印度、泰国等其他棉花进口大国在 2001 年以来进口量基本保持稳定，变动幅度不大，墨西哥棉花进口量略有下降并有继续下降的趋势。

第二节　中国棉花生产与贸易情况

一、中国棉花生产情况

（一）整体生产情况

在棉花生产方面，我国除了西藏、青海、黑龙江、广东、海南不能种植棉花外，其他省份均种植棉花。在我国社会进步的历史长河中，中国不仅为世界棉花相关产业的发展做出了巨大的贡献，棉花产量占世界棉花总产量的比重由不到15%发展到了超过30%，同时也为中国的经济发展做出了巨大的贡献。中国共有一百多个区县将棉花作为主要农作物进行种植，有上亿的农民参与到棉花的生产活动中来，此外还带动了许多与棉花产业相关的就业，在一定程度上带动了社会的长远发展。据国家统计局数据显示，2016 年，全国棉花实际播种面积 337.61 万公顷，总产量 534.3 万吨，平均单产 1582.5 公斤/公顷。我国棉花种植面积近二十年来变化不大，大多数年份在 500 万公顷左右，但从 2007 年开始，棉花种植面积不断减少，2016 年仅为 337.61 万公顷。由于受到棉花单产的影响，棉花产量相对来说浮动较大，20 年间产量最低 382.88 万吨（1999 年），最高达 762.36 万吨（2007 年），科技进步使棉花种植技术发展和棉花种植工具发明，从而不断提升了我国棉花的单位面积产量，从 1995 年的 879.36 公斤/公顷，提升到 2016 年的 1582.5 公斤/公顷，单产提升了近一倍。

根据国家统计局对全国 31 个省（区、市）的统计调查（新疆棉花播种面积通过遥感测量取得），2016 年全国棉花播种面积、单位面积产量、总产量如下：（1）全国棉花播种面积 3376.1 千公顷（5064.2 万亩），比 2015 年减少 420.5 千公顷（630.8 万亩），下降 11.1%。（2）全国棉花单位面积产量 1582.5 公斤/公顷（105.5 公斤/亩），比 2015 年增加 106.5 公斤/公顷（7.1 公斤/亩），提高 7.2%。（3）全国棉花总产量 534.3 万吨，比 2015 年减产 26.0 万吨，下降 4.6%。（见表 4.5）①

① 数据来自：《国家统计局关于 2016 年棉花产量的公告》，http：//www.stats.gov.cn/tjsj/zxfb/201612/t20161220_1443527.html。

表 4.5　　2016 年全国及各省（区、市）棉花生产情况

地　区	播种面积（千公顷）	单位面积产量（公斤/公顷）	总产量（万吨）
全国总计	3376.1	1582.5	534.3
北　京	0.1	1160.0	0.01
天　津	18.6	1492.8	2.8
河　北	288.6	1037.9	30.0
山　西	7.1	1463.3	1.0
内蒙古	0.1	1348.8	0.02
辽　宁	0.1	1386.1	0.01
吉　林			
黑龙江			
上　海	0.3	1064.8	0.03
江　苏	63.4	1165.0	7.4
浙　江	11.2	1464.2	1.6
安　徽	183.4	1006.5	18.5
福　建	0.1	769.0	0.01
江　西	76.4	1472.0	11.2
山　东	465.2	1178.5	54.8
河　南	100.1	975.0	9.8
湖　北	202.5	930.6	18.8
湖　南	103.6	1185.0	12.3
广　东			
广　西	2.2	1144.1	0.3
海　南			
重　庆			
四　川	9.1	977.1	0.9
贵　州	1.6	752.5	0.1
云　南	0.1	1340.0	0.01
西　藏			
陕　西	24.1	1425.2	3.4
甘　肃	13.3	1502.2	2.0
青　海			
宁　夏			
新　疆	1805.2	1990.9	359.4

注：①由于小数位计算机自动进位问题，分省数合计与全国数略有差异。

②未列出数据的省（区、市）没有棉花生产。

（二）我国主要棉区分布情况

我国共有三大棉区，分别为黄河流域、长江流域和西北内陆棉区。三大棉区的棉花种植面积和棉花的产量分别占全国棉花种植面积和产量的99%以上。其中黄河流域棉区覆盖了山东、山西、河北、河南、天津、陕西、北京、内蒙古、辽宁等九个省区市。长江流域棉区包括湖北、湖南、江西、江苏、安徽、浙江、上海、四川、贵州、云南、重庆、广西等十二个省区市。西北内陆棉区则主要包括新疆和甘肃两个省区。其中，2016 年西北内陆棉区的棉花产量占全国 44% 的份额，高于其他两个棉花产区，黄河流域棉产区次之，比重为 30%，而长江流域棉产区所占比重最小，仅占全国 26% 的份额，近些年黄河流域产区和长江流域产区的棉农种植棉花的积极性有所下降，据估计，在未来 20 年的时间内，黄河流域棉区和长江流域棉区的植棉面积将会进一步减少。

虽然我国地大物博，但棉花的生产却具有较高的集中性。棉花播种面积排名前八的省区依次为新疆、山东、河北、湖北、安徽、河南、湖南和江苏，这八个省区的棉花种植面积占全国棉花总种植面积的 94. 32%，产量占全国棉花总产量的 92. 58%。其中，播种面积在 30 万公顷以上的只有新疆、山东和河北三个省区。不论从棉花播种面积还是产量上来看，新疆是我国最大的棉花生产省（区），2016 年其棉花种植面积为 180. 52 万公顷，占全国种植面积的 53. 47%，产量为 359. 4 万吨，占当年全国棉花总产量的 67. 27%，在全国棉花生产上具有不可动摇的地位。新疆之所以成为我国第一产棉大省（区），主要得益于其优越的自然条件。棉花是一种喜热、喜光、耐旱、怕涝、忌强酸的作物，新疆地处亚洲大陆中部、中国西北部，降水量、光照条件等十分适合棉花的种植和生长。山东为全国第二大棉花生产省份，2016 年山东棉花种植面积 46. 52 万公顷，占全国棉花总种植面积的 13. 78%，占全省总耕地面积的近 10%，棉花产量 54. 8 万吨，占当年全国棉花总产量的 10. 26%（见表 4. 5）。

从全国近 20 年的棉花种植来看，各省区市的棉花种植具有一定的规律。作为我国第一大棉花生产省（区），新疆从 1995 年以来，棉花种植面积逐年增长，随着全国总体棉花单位面积产量的提升，产量也有较大幅度的提升。种植面积从 1995 年的 74. 29 万公顷增加至 2016 年的 180. 52 万公顷，增加了 100 多万公顷，产量从不足百万吨增加至 2016 年的 359. 4 万吨，并奠定了我国第一产棉省（区）的地位。除新疆以外，全国其他省区市在近 20 年间均出现了种植面积先缩减后增长然后又缩减的过程。在 2001 年之前山东、湖北、河北、江苏和安徽等棉花主产省的棉花种植面积均出现了不同程度的减少，随后三年种植面积略有增加，2004 年之后除新疆以外的各省区市的棉花种植面积均逐年不断缩减，种植面积均少于 1995 年，江苏最为明显，不足 1995 年的 1/3。一方面由于我国耕地面积、水资源等自然资源短缺的问题越发突出，另一方面散户棉农的棉花种植的收益率不断下降，使其棉花种植意愿不断下降。

二、我国棉花进出口贸易与国际竞争的发展历程

为了更有效和深入地分析中国棉花的贸易现状，也为后面我国棉花产品和产业国际竞争力的分析奠定基础，有必要对中国棉花外贸体制和政策作比较系统的研究，以认识棉业国际竞争得以展开的现实经济背景和政策环境。

纵观我国棉花进出口的发展历程，大致可以将其分为以下四个阶段：

1. 统一经营阶段（1949～1987 年）

1949 年后，随着计划经济体制的确立，1958 年 11 月 19 日国务院发布《关于农副产品、食品、畜产品、丝、绸等商品分级管理办法的规定》，明确棉花属于一类商品，所有播种、收购、定价、调拨、供应、储备、进出口等环节都实行国家指令性计划管理，由国务院统一领导，具体工作由国务院委派各有关部委办理。棉花进出口由外贸部中国纺织品进出口总公司统一管理，进出口棉花均统一按国家收购价结算，实行统一经营，统负盈亏。这种“大一统”的进出口体制，适应当时国家的计划经济体制，保证了国家对棉花这一战略物资的高度垄断和控制，在资源短缺的历史条件下，保证了国民的最低消费需求和军工的基本需求，特别是对国内纺棉的供应也起到了重要的保障作用。1982 年前，我国棉纺需求的 20% 是依靠进口棉，而且对进口棉花无论是以什么价格进口，国家都花大量的财政补贴，以国内同等级棉花的棉价调拨给纺织厂，内外价格差产生的亏损由国家财政补助。可见，这种“大一统”的体制，在长达几十年的时间里发挥了不可低估的历史作用。随着我国由计划经济向市场经济过渡，这种体制已失去了其历史条件。但其中的一些做法如把进口纳入国家棉资源宏观调控盘子里，以及从国内棉资源分布出发确定较为集中的棉花出口经营单位和对实行统一经营等都应认真加以吸收和完善。

2. 承包经营阶段（1988～1990 年）

1988～1990 年，我国的外贸体制实行了外贸企业承包经营为主要内容的改革，对棉花的进口也实行了承包经营。但对棉花出口因市场风险大，仍实行统一经营，

由国家统负盈亏，具体由中国纺织品进出口总公司统一对外成交，并组织山东、新疆、河南、河北、湖北和江苏等公司组织货源出运等。而对进口则分为统负盈亏的中央外汇进口部分，由中国纺织公司承担计划，统一经营另一部分是地方外汇进口部分，由地方负担盈亏，提供货单，交由中国纺织进出口公司统一代理。这三年的实际运行结果是：国家总体减少了财政负担，增加了财政收入，但这种经营方式又产生了新的矛盾，突出的如出口方面，前两年出口获得了巨额盈利，造成地方出口企业亏损挂账，挫伤了棉花经营单位的积极性。而进口工作中由于地方订单的拖延，也往往贻误了入市良机。中央外汇项下的进口棉花调拨到生产企业，棉花已用完，应付的棉花款都长期拖欠，给中国纺织进出口总公司造成沉重负担。

3. 初步放开阶段（1991～2001 年）

1991 年，外贸体制改革进一步深入。1992 年，棉花出口实行“统一联合经营”政策，进口放开。《国务院批转经贸部关于出口商品管理暂行办法的通知》（国发［1992］69 号）规定，棉花出口实行计划许可证制度，统一联合经营，自负盈亏。出口主体限定为中纺棉花进出口公司和棉花出口经营口岸公司，各地口岸公司包括山东、新疆、河北、安徽、江苏的纺织品进出口公司，新疆农垦进出口公司，河南、河北的棉花进出口公司。1993 年 9 月 1 日，由经贸部批准，这家出口经营单位共同组建了中国棉花成交中心，主要负责出口成交价格的协商、核定、审查，并统一申领出口许可证。棉花进口由中纺棉花进出口公司独家经营，盈亏由用货部门和企业负担。但从实际运作情况看，中纺棉花进出口公司实际相当于一个进口代理商。中纺棉花公司一方面接受国家进口计划任务；另一方面，这个计划额度又分解到各省区市的用货单位，由具体用货单位提出订单和相应的外汇、人民币。中纺棉花进出口公司，得到用户的最后确认后才可对外签约和组织进口。国家通过计划额度、税率优惠等政策实行宏观调控。

4. 国际竞争阶段（2001 年至今）

加入世贸组织后，政府首先在税收和经营主体方面，对棉花进出口体制进行改革。按照贸易主体多元化要求，赋予大批生产企业进出口经营权，打破了少数外贸专业公司垄断经营的格局。为了符合世贸组织要求，政府出台了《农产品进口关税配额管理暂行办法》，明确规定棉花进口关税配额申请者的基本条件为：2003 年 10 月 1 日前在国家工商管理部门登记注册具有良好的财务状况和纳税纪录；2001～2002 年无海关、工商、税务、检验检疫方面的违规纪录；企业 2002 年进行的年度检验合格，没有违反原国家发展计划委员会《农产品进口关税配额管理暂行办法》的行为。在具备上述条件的前提下，棉花进口关税配额申请者还必须符合下列条件之一：（1）国有贸易企业；（2）2003 年有进口实绩的企业；（3）纺纱设备 5 万锭以上的棉纺企业。在 2004 年以前，我国对棉花进口实行比例配额制。

按照世贸协议，对于棉花，中国可以采用关税配额制度和国有贸易（state trading）。在这一协议中，中国允许以 1% 的关税进口 74.3 万吨棉花（1998 年实际进口 20 万吨）。2004 年前配额增长到了 89.4 万吨。超过这一水平的进口将面临 76% 的进口关税，而到 2004 年也将减至 40%。中国作为特别的承诺来执行这一配额以便使配额最大限度地发挥作用。特别指出，如果关税内配额不被利用，这些配额将分配给其他对进口感兴趣的最终用户。而且，这些配额的 33% 将被分配给国有贸易企业进口（如中纺），其余 67% 将被分配给非国有贸易企业（non-state trading entities）进口。最后，如果被分配给国有贸易企业中国棉花进出口贸易体制研究的进口配额在当年度的 10 月底前没有签订进口合同，则这些配额将重新分配给非国有贸易企业。总之，中国已经承诺建立以下关税配额制度：最初关税内配额 74.3 万吨私人所占份额 67%；2004 年年关税内配额 89.4 万吨，配额内税率 1%。

棉花配额的本意是限制超配额进口，但是，从 2002 年开始，我国棉花国内需求量远远不能得到满足，缺口不断扩大，从 2003 年开始我国连年主动追加配额。2003 年 12 月追加了 50 万吨，2004 年 2 月又追加了 100 万吨。

2005 年 4 月 30 日，国家海关总署发布公告，自 2005 年 5 月 1 日至 2005 年 12 月 31 日，对关税配额外报关进口的棉花按“有数量限制的暂定关税生产率”征收进口关税。所谓“有数量限制的暂定关税生产率”即通常所称的滑准税，目前规定税率滑动范围为 5% ~40%。有关具体问题国家海关总署通知如下：

（1）征税方式和适用税率：以滑准税方式确定暂定关税税率，税率滑动范围为 5% ~40%。具体方式为：

①当进口棉花完税价高于或等于 10029 元/吨时，暂定关税税率为 5%；

②当进口棉花完税价低于 10029 元/吨时，暂定关税税率按以下公式计算：

$$Ri = INT\{[Pt/(Pi \times E) - 1] \times 1000 + 0.5\}/1000 \quad (Ri \leq 40\%)$$

其中，Ri——暂定关税税率，当 Ri 按上式计算值高于 40% 时，取值 40%；

E——美元汇率；

Pi——关税前价格（美元/吨）；

Pt——常数，为 10531（即 10029 ×（1 +5%））；

INT——取整函数。

（2）适用产品范围：5201.0000 税号项下关税配额外进口的棉花。

（3）适用企业及数量安排：采用以上方式进口棉花的数量限制为 140 万吨。具体进口企业及数量安排另行通知。

（4）加工贸易适用问题：对在加工贸易项下以上述方式进口棉花，如需实行台账实转保证金管理的企业，备案时海关按照本次配额外追加的 140 万吨棉花适用的关税税率和进口环节增值税税率征收台账保证金，超出规定数量范围的棉花，一律按照配额外关税税率和进口环节增值税税率征收台账保证金。如因特殊情况需转内销的，在本通知执行期内内销的棉花，按照上述所适用的税率补正税款和缓税利息；执行期以外内销的棉花，按照现行加工贸易规定办理。

根据《农产品进口关税配额管理暂行办法》，国家发改委 2015 年 12 月制定并发布《2016 年棉花进口关税配额申领条件和分配原则》，确定 2016 年棉花进口关税配额量为 89.4 万吨，申请时间为 2015 年 10 月 15 日至 30 日①。

根据《农产品进口关税配额管理暂行办法》（商务部、国家发展和改革委员会令 2003 年第 4 号）将 2017 年棉花进口关税配额数量定为 89.4 万吨，其中国有贸易比例为 33%。2017 年棉花进口关税配额申请者基本条件为：2016 年 10 月 1 日前在工商管理部门登记注册；具有良好的财务状况、纳税记录和诚信情况；2015 年以来在海关、工商、税务、信贷、环保等方面无违法违规记录；未列入“信用中国”网站受惩黑名单；履行了与业务相关的社会责任；没有违反《农产品进口关税配额管理暂行办法》的行为。在具备上述条件的前提下，棉花进口关税配额申请者还必须符合下列条件之一：（1）国有贸易企业；（2）2016 年有进口实绩（不包括代理进口）的企业；（3）纺纱设备 5 万锭以上的棉纺企业。

三、中国棉花贸易总体情况

（一）我国棉花贸易概况

从 2003 年开始我国就成为全球第一大棉花生产国、消费国和进口国。自加入世贸组织（WTO）以来，我国棉花进出口量悬殊，2014 年我国棉花出口量为 1.43 万吨，世界排名二十名以后，但进口量 266.87 万吨，居全球首位。2016 年依然维持着进出口悬殊的状况，棉花出口量为 0.83 万吨，进口量为 123.74 万吨。

---

① 数据来自：http：//www.tnc.com.cn/info/c－012001－d－3543471.html。

近20多年来，我国棉花出口波动较大，出口量最少的年份其出口量不足1000吨，最多的年份达29.93万吨（2000年），相对进口量来说十分有限。进口量在中国加入WTO之前，我国棉花进口量不断缩减，2000年不足5万吨，但加入WTO以后，一方面由于我国纺织产业的快速发展，产生了棉花的大量需求；另一方面中国人多地少，资源有限，这种现实国情决定了我国棉花的国内供给不能迅速提高，因此棉花进口量急剧增加，2012年高达541.29万吨。2012～2016年进口量又大幅下降，2014年相比2012年下降一半多，2016年更是降到了2012年的27.5%。

从进口金额来看，2003～2012年总体呈增长态势，并在2012年达到最高点，进口金额达到120.01亿美元，此后进口金额呈下降趋势，2016年为17.74亿美元。从出口金额来看，2000年以后我国棉花出口金额总体呈下降趋势，2016年仅为0.16亿美元（见表4.6、图4.4和图4.5）。

表4.6　　1995～2016年我国棉花进出口量和进出口额

年份	进口情况		出口情况	
	贸易额（百万美元）	贸易量（kg）	贸易额（百万美元）	贸易量（kg）
1995	1486.73	1003366602	48.87	29652369
2000	137.20	250906032	307.27	299207445
2001	116.61	197097699	82.05	60162271
2002	199.51	245061350	172.43	159172545
2003	1218.25	1074961058	134.65	117453377
2004	3242.12	2114129012	17.56	11937770
2005	3246.20	2745287768	9.42	8400122
2006	4974.64	3980021554	26.23	16260989
2007	3579.75	2740434396	38.01	24591446
2008	3564.71	2263696391	44.28	23844768
2009	2211.37	1758926167	19.89	9949234
2010	5846.45	3127633895	10.57	7368646
2011	9678.60	3566339643	81.68	27914426
2012	12001.84	5412931766	42.23	23202928
2013	8718.08	4499860937	16.71	8076157
2014	5155.64	2668708037	30.88	14305732
2015	2721.17	1758886011	49.62	29673878
2016	1773.77	1237383398	15.89	8285402

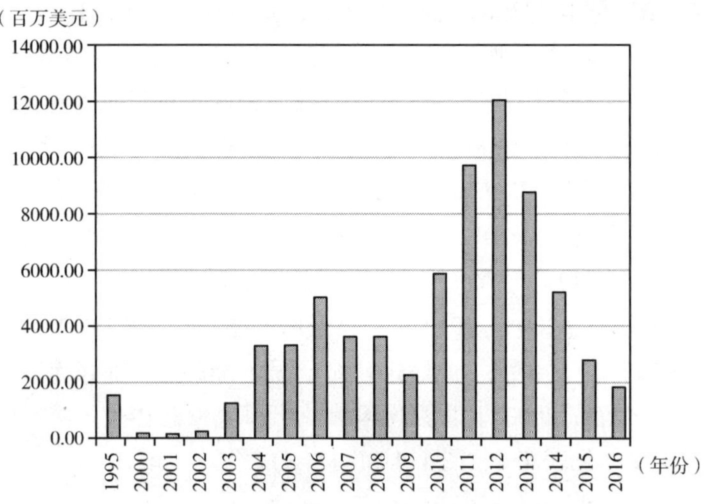

图 4.4　1995～2016 年我国棉花进口额情况

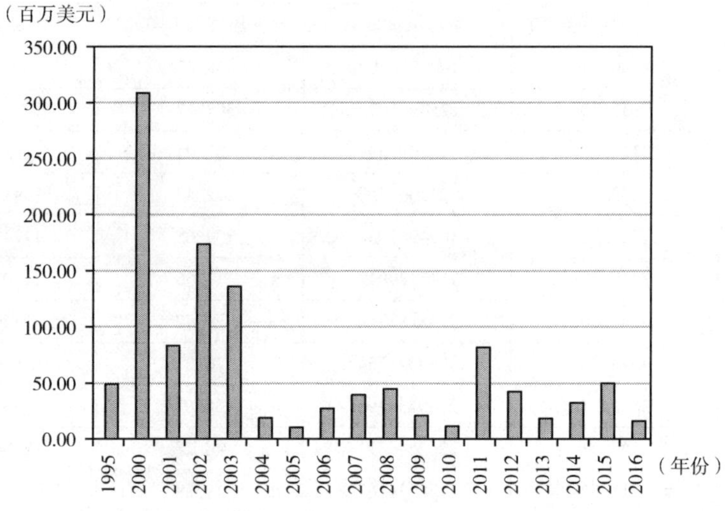

图 4.5　1995～2016 年我国棉花出口额情况

（二）我国棉花进口国结构

我国棉花进口来源国的集中度非常高，自 1999 年以来，我国棉花进口排名前五位的来源国棉花进口量平均占当年棉花总进口量的 80%左右，2014 年高达 89.53%，2016 年也保持在 81%（见表 4.7 和图 4.6）。美国、澳大利亚和乌兹别克斯坦是我国稳定的棉花进口国家，1999 年以来这三个国家一直保持着我国棉花进口前五的位置，但从美国的进口量不断缩减，已由 2004 年的 105.53 万吨缩减至 2014 年的 55.04 万吨。近年来，我国从印度进口的棉花不断增加，2016 年从印度进口的棉花金额超过了乌兹别克斯坦，达到 239.08 百万美元。此外，巴西、墨西哥、喀麦隆、布基纳法索、贝宁也是我国重要的棉花进口来源国，进口规模较大。

表 4.7　2016 年我国棉花进口额排名前五国家

进口来源国	进口金额（百万美元）
美国	513.68
澳大利亚	382.78
印度	239.08
乌兹别克斯坦	179.49
巴西	129.78
其他贸易伙伴	333.46

资料来源：联合国贸易数据库（UN COMTRADE），http：//comtrade. un. org/data

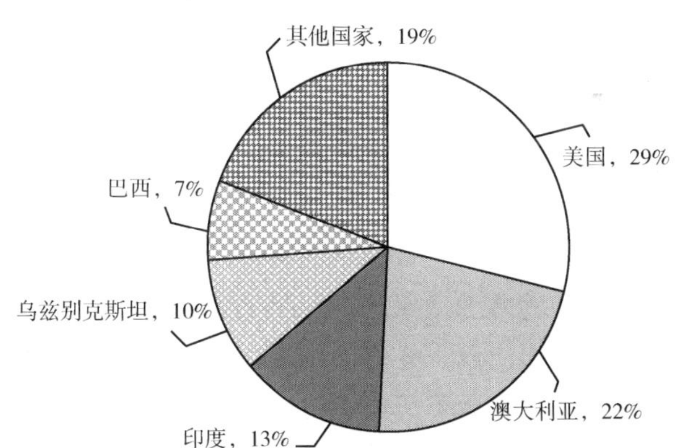

图 4.6　2016 年我国棉花进口来源国结构

接下来，本部分将介绍中国从传统贸易伙伴进口棉花的情况。

（1）印度、巴基斯坦、巴西、墨西哥等传统棉花出口国由于本国纺织行业的迅速发展，已经逐步转向棉花净进口国，出口比例逐步下降，出口市场地位下降。

（2）中南美洲产棉国主要有巴拉圭、阿根廷、巴西等国家。该地区棉花品质上以 3 级、4 级为主，长度也以 1 -1/16’ ~1 -3/32’为主。由于国棉等级差价一般大于国际市场，低等级棉花相对没有进口优势，中国进口该地区棉花比例不大。

（3）苏丹棉花主要问题是含糖，内在品质良好，价格非常便宜。如果能处理好含糖问题或调整好品种及配棉比例，使用苏丹棉非常经济。

（4）中亚棉区主要包括乌兹别克斯坦、土库曼斯坦、塔吉克斯坦和哈萨克斯坦等国家。中亚棉区棉花目前产量约在 150 万吨/年。其中除约 30 万吨供俄罗斯外，中亚棉区消费约为 30 万吨，其他大约 80 万 ~ 90 万吨出口。由于地域关系，主要出口市场为欧洲，但中国也进口过部分中亚棉花。由于历史原因，韩国进口乌兹别克棉花较多。中亚棉花的品质特征和我国新疆棉花相类似，内在品质较好，但加工形态偏差。由于中亚棉花采用苏联分级标准，该标准并不被广泛接受，而且中亚国家没有海港，交货信誉差。因此棉商一般会将棉花运到乌克兰、伊朗，俄罗斯远东港口进行重新分级。然后将棉花按小样并参考“国际通用标准”出售。棉花在中亚国家是主要创汇商品，出口管理非常严格，付款条件也非常苛刻，再加上当地社会问题严重，因此一般用棉企业购买中亚棉花均通过棉商，从而规避贸易风险。棉商为规避价格风险也会将中亚棉花进行套期保值。但中亚棉花的波动幅度相对较小。

（5）澳大利亚棉花近年来产量增加很快，目前已达到年产 70 万吨以上的水平。澳大利亚本身没有什么纺织工业，95% 的棉花都出口。澳大利亚位于南半球，收获季节同北半球相反，每年 4 月和 5 月是澳棉大量上市时间。澳大利亚棉花 90% 以上靠灌溉，品质稳定且偏高，主体等级在三级以上。内在品质及市场价位介于美棉 SJV ACALA 和 C/A 之间。80% 的长度不短于 1 - 1/8’，86% 的强力在 28GPT 以上，75% 的细度在 3.8 ~ 4.5 之间，86% 整齐度为 80% 以上。澳大利亚政府对棉花的种植及出口没有任何干预及补贴。因此其棉花是一种完全市场经济的运作方式。所有棉花都要通过纽约棉花期货进行套期保值，其棉农经常会在棉花还没有播种就开始卖远期棉花以获得一个较好的市场价位。大部分出口到传统进口国的交易以棉商的成交小样为准。中国市场由于断断续续进口，纱厂对小样成交不太熟悉和习惯。

（6）美国是农产品出口大国，棉花产量居世界前两位；棉花出口一直是世界第一位，基本上每年出口都在 150 万吨以上。美国棉花主要分为如下几个产区棉花：①JV ACALA 棉花：是指加利福尼亚州的 SAN JOAQUIN VALLEY 峡谷地区种植的“ACALA”品种棉花。该地区气候条件最好，高等级棉花比例大，棉花品质最好，同等级价格最贵。平均长度在 1 - 1/8’ 之上，强力不低于 30 GPT，细度在 4.2，整齐度高于 82%，总产量的 80% 为三级以上，是纱厂用来纺 30 或 40

支精梳纱的主体棉。②CALIFORNIA UPLAND（SJV UPLAND）棉花：是指在SAN JOAQUIN VALLEY峡谷地区种植的非“ACALA”品种棉花，未经三年试种得到确认的其他品种。此种棉花价格比SJV ACALA便宜，比其他地区的贵。目前该种棉花的总产量占SAN JOAQUIN VALLEY总产量的10%左右。③C/A棉花：是指在加利福尼亚州IMPERIAL VALLEY/阿里桑那州/新墨西哥州/西南沙漠地区种植的“DPL－90”品种的棉花。价格排在第三位。平均长度高于1－3/32'，强力26～29GPT，75%的等级高于三级。在国际市场主要和澳棉，中国T/129、T/229，中亚PERVYI，西非棉竞争。上述三种棉花产于西部棉区，约占美总产量的22%，大部分供出口。④MEMPHIS/EASTERN：是指田那西州孟菲斯及东部的棉花，包括美东南和中南产区，价格排在第四位。产量占美总产量的49%，平均长度高于1－1/16'。东南产区棉花主要供国内纱厂，中南产区部分供出口。⑤M/O/T：理论上是指孟菲斯/奥尔良/德克萨斯棉花，实际目前主要是指德克萨斯州/堪萨斯/俄克拉荷马产的棉花。在美棉中，该地区棉花同等级价格最低。产量占美总产量的29%，长度低于1－1/16'。一半以上供出口，主要用来做气流纺。⑥美PIMA长绒棉主要产于亚里桑那/加州/新墨西哥/德克萨斯。产量介于6万～10万吨。主要品种为S－7（67%）和S－6（15%）。品质如下：PIMA S－6 PIMA S－7；长度：1－3/8' ～1－7/16' 1－3/8' ～1－7/16'；细度：3.5～4.9；强力：95000－115000 PSI 95000－120000 PSI；36 GPT 38 GPT。美国棉花一般都和期货进行套期保值，价格上有随期货波动而波动的特点，因此价格波动幅度很大。美国棉花质量相对稳定，交货及时，信誉好，棉商服务好，因此价格一般处于市场的中上水平。但美国棉花从种植到出口有着多种补贴方式，因此美国棉花有着很强的市场竞争力。

（三）我国棉花出口国结构

加入世贸组织前后我国棉花出口集中度和出口地理方向变化不大。我国棉花主要出口国家为我国周边的国家和地区：韩国、泰国、印度尼西亚、中国香港、日本、朝鲜、越南等，此外还有美国、意大利等西方国家。虽然出口目的地大多为亚洲国家，但每年的出口量和出口排名变化较大，韩国、日本、朝鲜和孟加拉国均在某一年居中国棉花出口目的地首位。我国棉花的出口目的地也较为集中，出口排名前五位的国家和地区的出口量总和占当年棉花出口量总和的80%左右，2014年该比例达到87.73%，集中度总体上处于上升的趋势。但是此后集中度有所下降，2016年该比例下降到77%（见表4.8和图4.7）。

表 4.8　2016 年我国棉花出口流向排名前五国家

出口流向国	出口金额（百万美元）
韩国	4.06
孟加拉国	2.71
印度尼西亚	2.19
越南	2.09
印度	1.16
其他贸易伙伴	3.68

资料来源：联合国贸易数据库（UN COMTRADE），http：//comtrade. un. org/data.

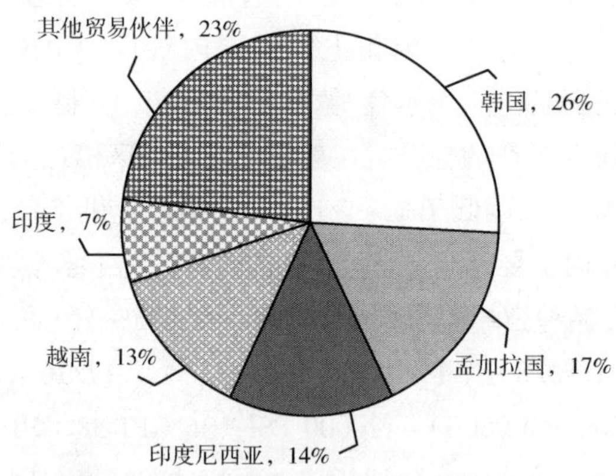

图 4.7　2016 年我国棉花出口流向国结构

四、我国棉花产业的 SWOT 分析

（一）SWOT 分析方法概述

所谓 SWOT 分析，即基于内外部竞争环境和竞争条件下的态势分析，就是将与研究对象密切相关的各种主要内部优势、劣势和外部的机会和威胁等，通过调查列举出来，并依照矩阵形式排列，然后用系统分析的思想，把各种因素相互匹配起来加以分析，从中得出一系列相应的结论，而结论通常带有一定的决策性。运用这种方法，可以对研究对象所处的情景进行全面、系统、准确地研究，从而根据研究结果制定相应的发展战略、计划以及对策等。

S（strengths）、W（weaknesses）是内部因素，O（opportunities）、T（threats）

是外部因素。按照企业竞争战略的完整概念，战略应是一个企业“能够做的”（即组织的强项和弱项）和“可能做的”（即环境的机会和威胁）之间的有机组合（见图4-8）。

优势 Strength	弱势 Weakness
机会 Opportunity	威胁 Threats

图4.8　SWOT分析方法

SWOT分析方法一般来说属于综合分析方法，因其既要分析内部因素，也需要分析外部条件，即根据企业自身的既定内在条件进行分析。SWOT分析有其形成的基础。著名的竞争战略专家迈克尔·波特提出的竞争理论从产业结构入手对一个企业“可能做的”方面进行了透彻的分析和说明，而能力学派管理学家则运用价值链解构企业的价值创造过程，注重对公司的资源和能力的分析。SWOT分析，就是在综合了前面两者的基础上，以资源学派学者为代表，将公司的内部分析（即20世纪80年代中期管理学界权威们所关注的研究取向，以能力学派为代表）与产业竞争环境的外部分析（即更早期战略研究所关注的中心主题，以安德鲁斯与迈克尔·波特为代表）结合起来，形成了自己结构化的平衡系统分析体系。

与其他的分析方法相比较，SWOT分析从一开始就具有显著的结构化和系统性的特征。就结构化而言，首先在形式上，SWOT分析法表现为构造SWOT结构矩阵，并对矩阵的不同区域赋予了不同分析意义；其次在内容上，SWOT分析法的主要理论基础也强调从结构分析入手对企业的外部环境和内部资源进行分析。另外，早在SWOT诞生之前的20世纪60年代，就已经有人提出过SWOT分析中涉及的内部优势、弱点、外部机会、威胁这些变化因素，但只是孤立地对它们加以分析。SWOT方法的重要贡献就在于用系统的思想将这些似乎独立的因素相互匹配起来进行综合分析，使企业战略计划的制定更加科学全面。

本章将采用SWOT分析方法对我国的棉花产业的优势、劣势、机会和威胁进行详细分析，有助于寻找提升我国棉花国际竞争力的路径。

（二）我国棉花产业的SWOT分析

1. 我国棉花产业的优势（strengths）

我国地大物博，棉花种植历史悠久，气候、土壤条件适宜，灌溉水源充足，适宜棉花的生长，丰富的光热资源条件，为棉花生产提供了得天独厚的生态条件。此外，加入WTO以后，我国棉纺织业发展十分迅速，纺织品出口贸易活跃，因此需要大量的棉花原材料，一定程度上提高了我国棉农的生产积极性，促进了我国棉花的生产活动。

此外，农业机械化的大力发展也给我国棉花产业的发展带来了优势。近日，农业部印发了《全国农业机械化发展第十三个五年规划》，其中指出，“十二五”时期，我国农业机械化发展取得了显著成就，棉花机械化取得实质性进展，但生产关键环节发展较慢。到2020年，基本形成棉花全程机械化生产模式，棉花采摘机械化率由2015年的18.8%提升至30%以上①。

按照因地制宜、突出重点、经济有效、节约资源、保护环境、保障安全，并紧密结合农业产业结构调整，推进农业机械化区域均衡协调发展的要求，文件指出，在黄土高原及西北地区的晋、陕、甘、青、宁、新等6省（区），重点加快玉米、马铃薯、棉花等作物生产全程机械化，进一步提高设施农业生产水平。发展大马力、高性能农业机械，加大抗旱节水机械设备推广应用力度，扩大农用航空作业面积；在华北平原地区的京、津、冀、鲁、豫等5省（市），探索棉花机械收获有效途径。

2. 我国棉花产业的劣势（weaknesses）

首先，我国棉花的质量存在较大的问题，既有自然原因又有人为原因。我国棉花纤维类型、档次单一，缺乏专用棉（长绒棉、中长绒棉、高比强棉、有机棉、彩色棉和短绒棉等）品种优质品种。中国目前以种植细绒棉为主，只有新疆有少量长绒棉，大部分棉花的可纺性不强；此外，人为原因也严重影响着我国棉花的质量，在我国棉花产业中“三丝”现象十分突出，一方面棉农思想上不重视，在棉花收获以及出售前的初处理时容易混进其他纤维如动物纤维等；另一方面在棉花流通环节中监管不严，出现故意掺入杂质以提高重量的行为。

其次，目前我国农村大多采用的是家庭联产承包责任制的生产经营方式，每个家庭的土地有限，棉花的种植难以形成规模，种植经营规模较小，单位面积管

---

① 资料来自：“农业机械化“十三五”助力棉花机械化发展”，http：//info.texnet.com.cn/detail－617505.html。

理费用较高，提高了棉花的单位面积生产成本，降低了棉花种植收益，极大地打击了棉农的生产积极性，不利于我国棉花的生产活动的可持续性。

此外，我国棉花库存量高，不利于我国棉花的可持续发展。2011 年我国开始实行棉花临时收储政策，使国内棉花的价格远远高于国际市场的价格，2013 年受到棉花收储政策的影响，国内皮棉价格高达每吨 2 万元，而国际市场的棉花价格仅每吨 1.5 万元，国内外棉花价格倒挂。一方面由于国内棉花价格的上涨，造成了国内纺织企业不用国产棉，使全国临时收储的棉花大量积压；另一方面促使进口棉花的数量大幅上升明显。

据统计，目前我国棉花占据全球 60% 期末库存量，我国棉花的高库存也严重影响了我国棉花的可持续发展。

3. 我国棉花产业的机会（opportunities）

首先，棉花相对于其他纤维具有比较明显的优势。棉花是成本低廉、产出量大的优良天然纤维，具有吸湿、保暖、不带静电等优良特性，化学纤维无法模仿成功，也不像羊毛、羊绒、丝绸等“贵族纤维”因价格昂贵而消费有限，使人们对于棉纺织品的消耗偏好越来越强烈。

其次，国家鼓励经营方式的转变，支持新型农村合作社的组建，有利于棉花的大规模种植，形成规模效应。据中国农民合作组织统计，2015 年我国有专业合作社 147297 个，比上年增长了 22.38%，发展十分迅速。还有，我国自贸区建设发展较快，一定程度上有利于我国棉花的出口贸易发展，目前我国已经正式签署了近 20 个自贸区协议，有 10 个自贸区处于谈判阶段。

除此之外，我国人民币汇率目前有贬值的趋势，这在一定程度上有利于我国棉花的出口贸易的发展。根据国际经济学的相关理论，本币贬值，使我国出口产品相对于其他国家更加便宜，有利于普遍提高我国出口产品的国际竞争力，因此有助于我国棉花的出口贸易。

最后，“十三五”时期我国将积极推动从棉业大国到棉业强国的转型，实现中国棉业生产加工制造向中国智能、中国设计、中国质量、中国品牌等转型，这也会给我国棉花产业的发展带来正面的积极影响。第一，构建产业链治理模式，增强我国棉花产业整体竞争力。建立棉花全产业链治理模式，创新管理产业公共事务的规则、机制、方法和活动，以全产业整体及共同利益为价值导向，保障多元行为主体平等对话、协商合作，打通行业壁垒，共同应对全产业变革和挑战，实现中国棉花产业链中农业、工业和服务业的全要素一体化，生产和服务过程的无缝链接。建议试点以产业链为单元，编制中国棉花产业“十三五”发展指导意见。完善政策决策机制，注重机会平等，试点建立行业重大政策听证会制度。第二，推进棉花种植生产步入现代化，降低棉花种植者对财政补贴资金的依赖，增强市场对棉花种植和生产的引领作用。第三，推进棉纺织产品品牌建设。完善棉花、棉纱、棉布及棉制品质量标准体系和质量管理法律法规。对棉花产业链企业科研设计投入资金减免税优惠。推进我国棉纺织产品品牌价值评价国际化进程，树立中国制造品牌良好形象。

4. 我国棉花产业的威胁（Threats）

首先，我国加入 WTO 时间要普遍晚于其他重要的棉花生产国家，在棉花出口补贴政策上处于不利地位。由于本身发达国家的补贴的基数就大，虽然对农产品补贴有看似公平的政策协议，但是许多发达国家还可以对棉花进行高强度的补贴，支持本国棉花的出口。但是极大地损害了我国在内的发展中国家棉农的切实利益，严重削弱了我国在内发展中国家的棉花在国际上的竞争力。以美国为例，该国大约有 3 万棉农，美国政府每年直接补贴给棉农的补贴资金有 30 多亿美元，是中国的 40 倍之多。除了对生产者进行直接补贴以外还包括化肥、种子、灌溉用燃料和电力等农业物资的补贴。

其次，我国自然灾害频发，旱灾、洪涝灾害和病虫害对我国棉花产量造成较为严重的影响。我国国土面积大，地理差异明显，在棉花主产省区市几乎每年都有不同程度的旱涝灾害，使棉花出现不同程度的减产，极大地困扰着我国棉花正常生产活动。除了自然灾害，病虫害也是我国棉花减产的重要原因，对我国棉花的生产活动造成了严重的威胁。

此外，我国劳动力成本逐年攀升，也严重威胁着我国棉花的国际竞争力。据牛津经济研究院的研究报告显示，2003 年我国劳动力成本仅不足美国的四成，而 2015 年我国劳动力成本已经接近美国的劳动力成本。此外，同样作为农业大国，具有高棉花产量的印度，其劳动力成本大幅度小于我国的劳动力成本，据统计其劳动力成本仅为我国的 1/3 左右。劳动力的不断攀升使我国棉花产业在国际上越来越处于不利地位。

综上所述，我国棉花产业在未来的发展中既存在机遇，也面临着较大的挑战和威胁，而且优势正在逐步丧失。

第五章　我国棉花产品竞争力的测定与国际比较

第一节　我国棉花产品竞争力的具体测定与国际比较

在分析产品竞争力时，比较优势指标是最常用的。但是，许多研究只采用单一指标来分析棉花产品的国际竞争力。为了比较客观地衡量中国棉花产品的国际竞争力，本书将建立比较优势指标体系来衡量中国棉花产品国际竞争力，以克服单一指标的局限性。

一、选择评价指标

本书选取的第一个测度中国棉花产品国际竞争力的指标是显性比较优势（Revealed Comparative Advantage，RCA）指数，该指数最初由 Balassa（1965）①给出，可表示为：

$$RCA = \frac{X_i / X_{it}}{X_w / X_{wt}} \tag{5-1}$$

其中，RCA 表示 i 国棉花产品的 Balassa 显性比较优势指数，X_i表示 i 国棉花产品的出口额，X_{it}表示 i 国的总出口额，X_w表示世界上所有棉花产品的总出口额，X_{wt}表示世界上所有国家所有产品的出口额。所以该指数是用一个国家棉花产品的出口额在其出口总额中所占的比重，与世界上棉花产品的出口额在世界出口总额中所占的比重作对比。如果该指数大于 1，则表明这个国家在出口棉花产

① 参见 Balassa, B.（1965），"Trade liberalization and 'revealed' comparative advantage". The Manchester School of Economic and Social Studies, vol. 33. pp. 99 – 123.

品时具有显性比较优势，反之则表明该国家在出口棉花产品时具有显性比较劣势。

本书选取的第二个测度中国棉花产品国际竞争力的指标是相对出口优势指数 LnRXA，它由 Vollrath（1991）① 给出，其计算公式为：

$$LnRXA = Ln\frac{X_i/X_{it}}{X_w/X_{wt}} \tag{5-2}$$

其中，RXA 是显性出口优势（Revealed Export Advantage）指数，其计算方法和 Balassa 显性比较优势指数相同，即有 RXA = RCA。当 LnRXA 大于 0 时，表明该国家棉花产品在出口中具有相对比较优势，反之则具有相对比较劣势。

本书选取的第三个测度中国棉花产品国际竞争力的指标是显性贸易优势（Revealed Trade Advantage，RTA）指数，该指数也由 Vollrath（1991）提供，可表示为：

$$RTA = RXA - RMA$$

RMA 表示显性进口优势（Revealed Import Advantage）指数，其计算公式是：

$$RMA = \frac{M_i/M_{it}}{M_w/M_{wt}}$$

其中，M_i表示 i 国棉花产品的进口额，M_{it}表示 i 国的总进口额，M_W表示世界上棉花产品的总进口额，M_{Wt}表示世界上所有国家所有产品的进口额。如果该指数大于 1，则表明这个国家在进口棉花产品时具有显性比较优势，反之则表明该国在进口棉花产品时具有显性比较劣势。所以有：

$$RTA = RXA - RMA = \frac{X_i/X_{it}}{X_w/X_{wt}} - \frac{M_i/M_{it}}{M_w/M_{wt}} \tag{5-3}$$

当 RTA 大于 0 时，表示该国家在棉花产品的贸易中具有显性比较优势，反之则表明该国家在棉花产品贸易中具有显性比较劣势。

本书选取的衡量中国棉花产品国际竞争力水平的第四个指标是显性竞争力（Revealed Competitiveness，RC）指数，它的计算公式为：

---

① 参见 Vollrath，T. L.（1991），“A theoretical evaluation of alternative trade intensity measures of revealed comparative advantage”. Weltwirtschaftliches Archiv，vol. 130，pp. 265－279.

$$RC = LnRXA - LnMXA = Ln\frac{X_i/X_{it}}{X_w/X_{wt}} - Ln\frac{M_i/M_{it}}{M_w/M_{wt}} \quad (5-4)$$

当 RC 大于 0 时，表明该国棉花产品具有显性竞争力，反之则不具有显性竞争力。

本书选取的衡量中国棉花产品国际竞争力水平的第五个指标是产业内贸易（Intra-industry Trade，IIT）指数。产业内贸易指数由 Grubel 和 Lloyd（1975）① 提出，可表示为：

$$IIT = 1 - \frac{|X_i - M_i|}{X_i + M_i} \quad (5-5)$$

IIT 在 0 ~ 1 之间变动，其数值越接近于 1，表明该棉花产品的产业内贸易程度越高，该棉花产品越不具有竞争力；数值越接近于 0，则该棉花产品越具有竞争力。

本书选取的衡量中国棉花产品国际竞争力水平的第六个指标是出口竞争力（Export Competitiveness，EC）指数，它可表示为：

$$EC = \frac{X_i - M_i}{X_i + M_i} \quad (5-6)$$

EC 在 -1 ~ 1 之间变动。一般地，EC 在 0.5 ~ 1 之间时，表明该棉花产品具有较高的竞争优势；EC 在 0 ~ 0.5 之间时，表明该棉花产品具有较低的竞争优势；EC 在 -1 ~ -0.5 之间时，表明该棉花产品具有较高的竞争劣势；EC 在 -0.5 ~ 0 之间时，表明该棉花产品具有较低的竞争劣势。

本书选取的衡量中国棉花产品国际竞争力水平的第七个指标是国内资源成本（Domestic Resource Costs，DRC）系数，它由 Pearson（1973）② 在其国内资源成本理论中提出，是指在贸易自由化条件下，一国为赚取或节省一边际单位外汇，从事 j 生产活动，所需投入国内资源成本 DRCj 为：

$$DRCj = \frac{\text{j 国棉花生产活动所投入的国内资源机会成本}}{\text{净外汇赚取或节省}}$$

如果 DRCj 除以 Vi（影子汇率），则可得到 DRCj 系数 DRCCj，即：

① 参见 Grubel，H. G. and Lloyd，P. J.（1975），Intra-Industry Trade：the Theory and Measurement of International Trade in Differentiated Products，Macmillan.

② 参见 Pearson，S. R.（1973），Net profitabolity，domestic resource costs，and effective rate of protection，food research institute，Stanford University，August 1973，Mimeographed.

$$DRCCj = \frac{DRCj}{Vi} \tag{5-7}$$

由于 DRCCj 是一个没有单位的数值，因此可用来评价一国棉花产品的国际竞争力。如果 DRCCj =1，则表示该国棉花产品生产不具有比较优势，因此生产出来的这类棉花产品不具有国际竞争力；如果 DRCCj <1，则表示该国棉花产品生产具有比较优势，因此生产出来的这类棉花产品具有国际竞争力，DRCCj 越小则意味着生产越具有比较优势；如果 DRCCj >1，则表示该棉花产品生产不具有比较优势，因此生产出来的这类棉花产品不具有国际竞争力，DRCCj 越大意味着该棉花产品的生产比较劣势越高。

二、我国棉花产品竞争力的具体测定

1. RCA、RTA、LnRXA 和 RC 四个指数指标下中国棉花产品的国际竞争力

由于 RCA、RTA、LnRXA 和 RC 四个指数之间联系紧密①，因此将它们结合在一起来衡量中国棉花产品的国际竞争力（见表 5.1）。

表 5.1　中国棉花产品的比较优势指数和竞争力指数

平均值（2000～2016 年）				2016 年			
RCA	LnRXA	RTA	RC	RCA	LnRXA	RTA	RC
0.558	-1.169	-1.903	-1.624	0.021	-4.792	-3.662	-6.109

由表 5.1 可以看出，无论是从各指数历年的平均数值，还是从 2016 年的情况来看，我国的棉花都不具有比较优势和国际竞争力，因为它们 2000～2016 年的平均 RCA 指数小于 1，LnRXA 指数、RTA 指数和 RC 指数均小于 0。而且，中国棉花产品的比较优势和国际竞争力呈下降趋势，因为 2016 年的各数据均小于 2000～2016 年的平均值。

2. IIT、EC 二个指数指标下中国棉花产品的国际竞争力

由于 IIT、EC 二个指数之间关系密切②，因此将它们结合在一起来衡量中国棉花产品的国际竞争力（见表 5.2）。

---

① 一般认为，当某种产品的 RCA 指数大于 1，且 LnRXA、RTA 和 RC 指数均为正时，则该产品既具有比较优势又具有竞争力。

② 当产品有贸易顺差时，IIT =1 - EC；当产品有贸易逆差时，IIT =1 + EC。

表 5.2　　中国棉花产品的产业内贸易指数和出口竞争力指数

2000 年		2001 年		2002 年		2003 年		2010 年		2016 年	
IIT	EC	IIT	EC	IIT	EC	IIT	EC	IIT	EC	IIT	EC
0.617	0.383	0.826	-0.174	0.927	-0.073	0.899	-0.801	0.804	-0.996	0.911	-0.963

从表 5.2 中 EC 指数可以看出，中国棉花产品的国际竞争力水平总体呈下降趋势。例如，棉花产品总体在 2000 年具有较低的竞争优势，其 EC 指数为 0.383，到 2010 年 EC 指数则下降为 -0.996，已具有较高的竞争劣势。

中国棉花产品的产业内贸易指数呈上升趋势，表明中国棉花产品总体上正在失去昔日的外贸竞争优势。

3. 国内资源成本系数项下中国棉花产品的国际竞争力

由于很难获得一套完整的机会成本资料和影子汇率，这里只能在以前学者研究的基础上进一步测算中国棉花产品的国际竞争力。利用国内资源成本系数 DRCC① 来测算我国棉花的国际竞争力，具体见表 5.3。

表 5.3　　中国棉花产品的 DRCC 值

1991 年	1993 年	1995 年	1998 年	1999 年	2000 年	2005 年	2010 年	2015 年
0.4718	0.8839	0.6505	0.8135	0.8428	0.8212	0.8309	0.9107	1.0032

从表 5.3 可以看出，我国棉花产品的 DRCC 整体上都呈上升趋势，由 1991 年的 0.4718 上升到了 2015 年的 1.0032，由原来的较高的竞争力变为不具备竞争力。之所以会呈现出如此特征，是由于中国的资源禀赋决定的：中国劳动力资源丰富，而耕地面积较为紧缺。安德森·速水认为，一国越是缺乏耕地资源，经济增长越快，其农业比较优势就下降得越快②。中国棉花产品国际竞争力的变化刚好符合此特征，即土地密集型棉花产品的国际竞争力均在逐渐丧失。

三、我国棉花产品竞争力的国际比较

为了便于比较，发现差距，本书选择了美国、澳大利亚、印度、希腊、巴

① DRCC 反映的是在生产要素、劳务和产品能在各国间自由流动时，一国生产农产品为获取一单位影子收入需投入多少单位的成本。如果 DRCC <1，则表明该农产品生产产出大于投入，具有比较优势；如果 DRCC >1，则表明农产品生产产出小于投入，缺乏国际竞争力。如果 DRCC =1，则表明该农产品产出等于投入，处于国际竞争力的平衡点。因此，该指数同样可以用在棉花上。

② 参见安德森·速水等（1996），《农业保护的政治经济学》（中文版），天津人民出版社，1996 年版。

西、乌兹别克斯坦、墨西哥、土耳其和布基纳法索这九个棉花出口大国作为国际比较对象，以 2015 年为例，利用 RCA 指数、EC 指数与中国棉花产品国际竞争力进行对比分析。

1. RCA 指标下各国棉花产品国际竞争力的比较

由表 5.4 可以看出，十个国家 2015 年棉花的显性比较优势指数从高到低的顺序依次为美国、巴西、印度、澳大利亚、希腊、乌兹别克斯坦、墨西哥、土耳其、布基纳法索和中国。除布基纳法索和中国外，其他八个国家的棉花产品均具有显性比较优势，其 RCA 指数均大于 1。美国 2015 年棉花的显性比较优势指数高达 6.188，是中国（0.014）的 442 倍。

表 5.4　　2015 年各国棉花产品的 RCA 指数与中国的比较

中国	美国	澳大利亚	印度	希腊	巴西	乌兹别克斯坦	墨西哥	土耳其	布基纳法索
0.014	**6.188**	**4.045**	**4.332**	**3.372**	**4.491**	**3.083**	**1.675**	**1.046**	0.813

注：RCA 指数大于 1 的用加黑字体表示。

2. EC 两个指数指标下中国棉花产品的国际竞争力

由表 5.5 可以看出，十个国家出口竞争力指数从高到低的顺序依次为巴西、美国、澳大利亚、希腊、乌兹别克斯坦、印度、墨西哥、土耳其、布基纳法索和中国。其中，巴西、美国和澳大利亚的棉花具有出口竞争力，其出口竞争力指数均大于 0.5；而中国仅为 -0.814，不具有出口竞争力。

表 5.5　　2015 年各国棉花产品的 EC 指数与中国的比较

中国	美国	澳大利亚	印度	希腊	巴西	乌兹别克斯坦	墨西哥	土耳其	布基纳法索
-0.814	0.524	0.503	0.105	0.372	0.601	0.314	0.016	-0.163	-0.215

四、小结

从以上的分析中我们可以得出以下几个方面的结论：

（1）我国棉花在国际上完全不具有竞争力。不论是在 RCA 指数、IIT 指数、还是 EC 指数方面，我国棉花的国际竞争力都排在世界主要棉花贸易大国的后面。

（2）加入世贸组织（WTO）后的一两年内，我国棉花出口竞争优势急剧下降。加入世贸组织前两年从三个指标来看，我国棉花具有一定程度上的竞争优势，加入世贸组织后尤其是2003年以后就完全失去了竞争优势。加入世贸组织虽然促进了我国纺织产业的发展，但是很大程度上削弱了我国棉花的国际竞争力。

（3）美国、澳大利亚和巴西的棉花具有绝对的竞争优势。从三个衡量国际竞争力的指标来看，美国和澳大利亚都排在世界主要棉花进出口国家的首位，竞争优势明显。

第二节　我国棉花进口贸易潜力分析①

如前所述，棉花是我国重要的资源性农产品，自2003年开始，我国已经成为世界上第一大棉花进口国。总体来看，目前我国棉花的进口市场较为集中，从前三大贸易伙伴进口的棉花占到了中国棉花进口总额的74.94%。我国与各棉花进口贸易伙伴的发展潜力如何，这需要通过实证研究来分析。本节基于我国棉花进口的实际情况，构建了改进型的贸易引力模型，利用2013年中国棉花进口额靠前的四十个贸易伙伴1992～2013年的面板数据，使用EViews6.0软件对中国棉花进口的发展潜力进行了分析。实证研究结果表明，我国从瑞士、尼日利亚、孟加拉国、印度尼西亚、土耳其、澳大利亚等十四个国家进口的棉花处于“过度进口”阶段；我国从喀麦隆、埃及、多哥、乍得、马里、印度等十一个国家进口的棉花处于“进口饱和”阶段，从这些市场进口棉花的空间较为有限；我国从科特迪瓦、赞比亚、马来西亚、塔吉克斯坦、巴西等十五个国家进口的棉花处于“进口不足”阶段，而且我国应优先从出口价格较低的土库曼斯坦、伊朗和马来西亚进口棉花，并扩大从巴西和希腊这两个棉花生产和出口大国的进口份额。

一、引言

中国人多地少，资源有限，这种现实国情决定了我国棉花供给不能迅速提

---

① 本节内容已发表：刘春香，朱丽媛．我国棉花进口贸易潜力分析［J］．农业经济问题，2015（5）：91－97．鉴于中国历年来都是棉花净进口国，因此分析中国棉花的进口贸易潜力具有非常重要的意义。

高。另外，由于我国纺织服装的大量生产和出口的需要，加入世贸组织后我国棉花进口出现了迅猛增长的态势，2003 年开始我国成为世界第一大棉花进口国。由表 5.6 可知，2003 年后，我国棉花进口金额的波动较大，但总体呈现上升态势。自 2010 年开始，我国的棉花进口额超过了 300 万吨，最高年份为 541.29 万吨（见表 5.6）。

表 5.6　2003－2013 年我国的棉花进口情况　单位：百万美元，万吨

年份	棉花进口金额	棉花进口净重
2003	1218.25	107.50
2004	3242.12	211.13
2005	3246.20	274.50
2006	4974.64	398.00
2007	3579.75	274.04
2008	2263.70	226.37
2009	2211.37	175.89
2010	5846.45	312.76
2011	9678.60	356.63
2012	12001.84	541.29
2013	8718.08	449.99

资料来源：UN COMTRADE DATABASE；SITC Reversion 3。

2013 年，由于世界棉花产量的下降（主要集中在澳大利亚、巴西、印度和阿根廷），我国棉花进口贸易总额下降至 87.18 亿美元，但仍然占据了全球棉花进口份额的 49.99%，以绝对优势居于第一位①。值得注意的是，虽然我国棉花进口的贸易伙伴多达 60 多个，但进口市场却长期集中在美国、印度和澳大利亚。2013 年我国从上述三国进口的棉花分别为 24.48 亿美元、23.25 亿美元和 17.60 亿美元，分别占我国棉花进口的比重为 28.09%、26.67% 和 20.18%；加上其余七大进口市场，中国从这十个国家进口的棉花占到了其棉花进口总额的 91.84%（见表 5.7）。

① 2013 年全球棉花进口贸易额为 174.4 亿美元，排名前五的国家分别为中国（87.18 亿美元）、土耳其（16.89 亿美元）、印度尼西亚（13.49 亿美元）、巴基斯坦（0.76 亿美元）和泰国（0.75 亿美元）。

表 5.7　2013 年我国棉花进口的十大贸易伙伴　单位：百万美元，%

进口来源市场	棉花进口金额	占我国全部棉花进口额的比重
美国	2448.60	28.09
印度	2324.79	26.67
澳大利亚	1759.67	20.18
乌兹别克斯坦	547.64	6.28
巴西	326.32	3.74
布基纳法索	186.82	2.14
喀麦隆	131.88	1.51
马里	106.22	1.22
墨西哥	90.71	1.04
贝宁	84.35	0.97

资料来源：UN COMTRADE DATABASE；SITC Reversion 3。

中国棉花进口对个别市场的过分依赖不利于棉花的稳定供应，我国迫切需要实现棉花进口市场的多元化。本部分将构建改进型引力模型，实证测度我国从各贸易伙伴进口棉花的发展潜力，为我国逐步构建供应稳定、价格合理、分布多源的棉花进口环境提供理论依据。

引力模型最早来自万有引力定律，该模型认为两物间的引力与其质量乘积呈正向关系，与其距离的平方呈反向关系。早在 20 世纪 50 年代，Isard 和 Peck（1954）、Beckerman（1956）就发现距离越近的国家之间越容易产生贸易。到了 60 年代，Tinbergen（1962）建立了贸易引力模型，得到了两国贸易额与其经济规模正相关以及与两国距离负相关的结论，其观点后来得到了 Poyhonen（1963）的证实；Linnemann（1966）则加入了人口与贸易政策两个变量，开创性地拓展了贸易引力模型。后来，Bergstrand（1985）、Helpman 等（1985）、Chen 等（1999）、Egger（2005）进一步改进了贸易引力模型的计量方法。2011 年，运用引力模型，Moghaddam 等实证分析了土耳其对 11 个欧盟成员国的贸易潜力，Esmaeili 分析了伊朗农产品贸易潜力，Nuroglu 等分析了波斯尼亚和黑塞哥维那的贸易流量，大大地拓展了该模型的使用范围。

基于国外经验的借鉴，国内学者对引力模型的应用也逐渐拓展。代表性的有：刘清峰（2002）利用引力模型分析了影响我国双边贸易流量的主要因素，盛斌（2004）则研究了影响各新兴市场出口的主要因素。姜书竹（2003）、单文婷

(2006)、侯铁珊（2006）、吴丹（2008）、陈雯（2009）、王娟（2013）等的研究都表明，中国—东盟自贸区有力地促进了成员间的贸易。林玲（2004）、曹宏成（2007）、王可（2008）对中国出口影响因素的分析表明，APEC、距离、人均GDP的影响最为显著。田晖等（2012）引入文化维度建立了引力模型并分析了国家文化差距对我国外贸的影响。王铭欣（2013）利用贸易引力模型，基于企业异质性理论分析了我国私有企业产品出口的FOB价格与目的地地理特征之间的关系。韩金红（2013）利用1991～2010年的面板数据，构建引力模型实证分析了东亚区域内最终产品需求的影响因素，发现经济总量、区域性贸易协定、人均GDP差额绝对值起着显著的促进作用，而人口规模、地理距离则起着阻碍作用。王晓珊（2014）构建了引力模型来测算我国入境旅游的影响因素，发现文化距离和汇率对中国入境旅游的影响不显著，客源国家和我国的国内生产总值、奥运会和世博会的召开有正向影响，而空间距离、非典、我国旅游产品的价格、国际金融危机则起着阻碍作用。

综上所述，引力模型已获得理论界的广泛认可，但其在我国棉花贸易中的应用并不多见。从对棉花的研究现状来看，国外现有成果多集中在对世界棉花生产方面，较少对棉花贸易进行分析。而国内对我国棉花进口贸易的研究多集中在进口棉花对国内市场需求和价格的影响上，鲜少涉及棉花进口发展潜力的分析。因此，本部分将基于我国棉花进口的实际情况，构建改进型贸易引力模型，将中国经济总量、进口来源国（地区）棉花产量、进口来源国（地区）棉花出口价格等因素纳入分析框架，利用1992～2013年的面板数据，实证分析我国棉花进口的发展潜力，为我国棉花进口市场的结构调整和优化提供现实依据，进而促进我国棉花产业的可持续发展。

二、我国棉花进口的改进型贸易引力模型的构建

根据我国棉花进口贸易的实际，在借鉴相关文献的基础上，本部分将根据中国经济总量、进口来源国（地区）棉花产量、进口来源国（地区）棉花出口价格、进口来源国（地区）与我国的地理距离、中国人口数量、中国棉花收获面积这六个因素来构建改进型贸易引力模型。

（1）中国经济总量。我国的经济总量反映了我国的棉花进口需求，经济规模越大，潜在的进口能力越大。由此提出：

假设一：我国的经济总量GDP与我国棉花进口的规模正相关。

（2）进口来源国（地区）棉花产量。进口来源国（地区）的棉花产量可代表棉花供给能力。棉花产量越大，潜在的出口能力越大。由此提出：

假设二：进口来源国（地区）棉花产量与我国棉花进口规模具有正相关关系。

（3）进口来源国（地区）棉花出口价格。棉花出口价格反映了进口来源国（地区）的棉花供给能力，出口价格越高，潜在出口能力越小，我国棉花进口量越小。由此提出：

假设三：进口来源国（地区）棉花出口价格与我国棉花进口规模负相关。

（4）进口来源国（地区）与中国的地理距离。理论界普遍认为，地理距离与贸易规模存在负向关系。由 H. Sandberg（2006）可知，交易成本正相关于地理距离，所以交易成本负相关于贸易规模。由此提出：

假设四：进口来源国（地区）离我国的地理距离与我国棉花进口规模存在负相关关系。

（5）中国人口数量。中国总人口反映了我国的棉花进口需求，人口数量越多，潜在的进口需求越大，越有利于我国棉花的进口。由此提出：

假设五：中国的总人口数量与其棉花进口规模呈正相关关系。

（6）中国棉花收获面积。我国的棉花收获面积可以反映我国棉花供给能力，棉花收获面积越大，自给能力越强，棉花进口量越小。因此可提出：

假设六：中国棉花收获面积与其棉花进口规模具有负相关关系。

根据以上六个因素，可构建中国棉花进口的改进型贸易引力模型。该模型可以用方程表示为：

$$\begin{aligned}Ln(IMP_{jt}) = a_1 + a_2Ln(GDP_{it}) + a_3Ln(PC_{jt}) + a_4Ln(P_{jt}) + a_5Ln(DIS_{ij}) \\ + a_6Ln(POP_{it}) + a_7Ln(S_{it}) + u \qquad (5-8)\end{aligned}$$

方程（5－8）即我国棉花进口的改进型引力模型。其中，IMP_{jt}是被解释变量，用我国在 t 时期从 j 国（或地区）进口的棉花金额表示。其余变量均为解释变量，GDP_{it}表示我国在 t 时期的经济总量；PC_{jt}为进口来源国（地区）j 在 t 时期的棉花产量，用来衡量 j 国（或地区）的棉花供给能力；P_{jt}代表进口来源国（地区）在 t 时期的棉花出口价格；DIS_{ij}代表我国与进口来源国（地区）的地理距离；POP_{it}代表我国在 t 时期的总人口数；S_{it}为我国在 t 时期的棉花收获面积。a_1为常数项，$a_2 \sim a_7$为回归系数，u 为误差项。

三、我国棉花进口的贸易潜力分析

（一）样本选择和数据来源

为了较为准确地反映中国棉花进口的现实状况，选择 2013 年中国棉花进口金额最为靠前的四十一个进口来源国（地区）进行分析，具体样本包括美国、印度、澳大利亚、乌兹别克斯坦、巴西、布基纳法索、喀麦隆、马里、墨西哥、贝宁、科特迪瓦、津巴布韦、希腊、巴基斯坦、坦桑尼亚、苏丹、赞比亚、马来西亚、以色列、埃及、土耳其、西班牙、中国澳门、莫桑比克、多哥、马拉维、伊朗、印度尼西亚、阿根廷、塞内加尔、越南、孟加拉国、土库曼斯坦、尼日利亚、塔吉克斯坦、中非共和国、菲律宾、哈萨克斯坦、乍得、瑞士和巴拉圭。这些贸易伙伴遍布北美洲、大洋洲、非洲、欧洲、亚洲和南美洲，而且 2013 年这些贸易伙伴对中国出口的棉花总金额为 86.92 亿美元，占我国棉花进口总金额的比重高达 99.72%，因此选择这四十一个进口来源国（地区）能较为真实地反映中国棉花进口的现状。

本部分将利用 1992～2013 年我国和各贸易伙伴国（地区）的面板数据，使用 EViews 6.0，对改进型引力模型进行多元线性回归分析。分析所需的数据的出处说明如下：变量 IMP_{jt} 的数据来自联合国 UN COMTRADE 数据库，采集的是 SITC 3 标准下的数据；变量 P_{jt} 的数据则根据联合国 UN COMTRADE 数据库中的进口金额和进口重量计算而来；变量 GDP_{it}、POP_{it} 的数据来自世界银行 www.worldbank.org.cn 数据库；变量 PC_{jt} 来自联合国粮农组织数据库；变量 DIS_{ij} 的数据出自 http：//www.hjqing.com/find/jingwei/的经纬度查询系统；变量 S_{it} 的数据来源于各期《中国农村统计年鉴》。

（二）实证研究结果

基于上述研究方法，对方程（5－8）进行了多元回归分析，得到的结果详见表 5.8。

表 5.8　　方程（5－8）的统计回归结果

变量	系数	标准差	t 值	P 值
a_1	36.9227	0.0522	5.2339	0.0000
Ln（GDP_{it}）	2.2306	0.0285	20.2304	0.0000

续表

变量	系数	标准差	t 值	P 值
Ln (PC_{jt})	0.8926	0.0369	16.5216	0.0023
Ln (P_{jt})	-1.0806	0.1032	-11.6395	0.0000
Ln (DIS_{ij})	-0.8325	0.1236	-7.3254	0.0915
Ln (POP_{it})	0.8982	0.0426	6.4683	0.0081
Ln (S_{it})	-2.0234	0.0937	-9.5782	0.0000

由表5.8可以明显看出，变量“进口国（或地区）与我国的地理距离”没能通过显著性水平检验，因为0.0915 >0.05。导致这一结果最可能的原因是因为研究样本中包含中国澳门，澳门特别行政区属于中国，与北京的地理距离相对较近。因此在第二次作回归分析时剔除了澳门特别行政区，因此第二次分析时样本为四十个贸易伙伴①。再次对方程（5-8）进行回归分析，得到的回归结果详见表5.9。

表5.9　　方程（5-8）的最终回归结果

变量	系数	标准差	t 值	P 值
a_1	25.3265	0.0433	6.3265	0.0000
Ln (GDP_{it})	2.4692	0.0196	21.6548	0.0001
Ln (PC_{jt})	1.5265	0.0505	18.3642	0.0013
Ln (P_{jt})	-1.0659	0.0965	-13.8993	0.0000
Ln (DIS_{ij})	-0.8106	0.2088	-5.6542	0.0083
Ln (POP_{it})	0.9441	0.0463	7.0549	0.0000
Ln (S_{it})	-2.3624	0.0896	-11.2369	0.0028

修正后的方程的拟合优度非常好，回归方程的调整 R^2 为0.905638，F 值为98.38。从表5.9可知，方程（5-8）的多元回归分析的最终结果可以写成：

$$Ln(IMP_{jt}) = 25.3265 + 2.4692Ln(GDP_{it}) + 1.5265\ Ln(PC_{jt}) - 1.0659Ln(P_{jt}) - 0.8106Ln(DIS_{ij}) + 0.9441Ln(POP_{it}) - 2.3624Ln(S_{it}) \quad (5-9)$$

为了预测进口潜力，常用的方法是利用理论的进口值与实际的进口值相比较。其中，理论的进口值来自贸易引力模型（即方程5-9）的计算结果。

① 新研究样本的四十个国家2013年对中国的棉花出口总额为86.73亿美元，占中国棉花进口总额的99.50%，说明这四十个研究样本依然可以较为准确地反映中国棉花进口的真实状况。

中国棉花进口潜力指数（IMPPI）可以通过方程（5-9）计算出的理论值除以棉花进口实际值的办法得到：

$$IMPPI = IMP_j/(IMP_j)' \tag{5-10}$$

其中，IMP_j表示中国从j国进口棉花的实际值，而（IMP_j）'表示利用方程（5-9）计算出的我国从j国进口棉花的理论值。按照理论界的一般标准，若某些进口来源国（地区）的棉花进口潜力指数IMPPI大于或等于1.3，那么中国与这些伙伴的棉花贸易存在“过度进口”现象；若某些进口来源国（地区）的棉花进口潜力指数大于或等于0.9而小于1.3，那么中国与这些伙伴的棉花贸易存在“进口饱和”现象；若某些进口来源国（地区）的棉花进口潜力指数IMPPI小于0.9，则表示中国与这些伙伴的棉花贸易存在“进口不足”现象。依据方程（5-9）、方程（5-10）和2013年我国从各贸易伙伴的棉花金额数据，笔者计算出了2013年中国与四十个贸易伙伴的棉花进口潜力指数，详见表5.10。

表5.10　　2013年中国从四十个贸易伙伴进口棉花的潜力指数

国家	瑞士	尼日利亚	孟加拉国	印度尼西亚	土耳其	澳大利亚	墨西哥	乌兹别克斯坦
IMPPI	7.05	6.76	6.38	6.12	5.69	4.21	3.93	3.37
国家	莫桑比克	西班牙	坦桑尼亚	菲律宾	哈萨克斯坦	津巴布韦	喀麦隆	埃及
IMPPI	2.58	2.49	2.25	1.87	1.54	1.42	1.28	1.21
国家	多哥	乍得	马里	印度	越南	美国	马拉维	苏丹
IMPPI	1.19	1.13	1.10	1.06	1.04	1.03	0.98	0.95
国家	巴基斯坦	科特迪瓦	赞比亚	马来西亚	塔吉克斯坦	巴西	以色列	希腊
IMPPI	0.93	0.88	0.87	0.84	0.83	0.79	0.76	0.72
国家	土库曼斯坦	中非共和国	贝宁	巴拉圭	塞内加尔	阿根廷	伊朗	布基纳法索
IMPPI	0.68	0.59	0.54	0.47	0.45	0.38	0.36	0.34

依据表5.10的结果，可知：

（1）属于我国棉花“过度进口”的国家有瑞士、尼日利亚、孟加拉国、印度尼西亚、土耳其、澳大利亚、墨西哥、乌兹别克斯坦、莫桑比克、西班牙、坦桑尼亚、菲律宾、哈萨克斯坦和津巴布韦等十四个国家，我国从这些国家进口棉花的潜力指数均大于1.3，说明中国从这十四个市场的棉花进口已经过度饱和。其中，瑞士、尼日利亚、孟加拉国、印度尼西亚、土库曼斯坦、澳大利亚、墨西哥、乌兹别克斯坦的市场饱和率最高，我国棉花对这些市场的进口潜力指数均大于3，表明我国从这些贸易伙伴继续扩大棉花进口的空间非常小。特别值得一提的是澳大利亚，2013年该国是全球第三大棉花出口国，其中对中国的棉花出口已经占到了其棉花出口总额的70.04%。

（2）属于我国棉花“进口饱和”的国家有喀麦隆、埃及、多哥、乍得、马里、印度、越南、美国、马拉维、苏丹和巴基斯坦等十一个国家，我国对这些国家的棉花进口潜力指数均大于或等于0.9而小于1.3，表明我国从这些贸易伙伴扩大棉花进口的空间比较有限。以2013年世界第一大和第二大棉花出口国美国和印度为例，该年度它们对中国的棉花出口分别占到了其棉花出口总额的42.71%和49.76%。

（3）属于我国棉花“进口不足”的国家有科特迪瓦、赞比亚、马来西亚、塔吉克斯坦、巴西、以色列、希腊、土库曼斯坦、中非共和国、贝宁、巴拉圭、塞内加尔、阿根廷、伊朗和布基纳法索等十五个国家，我国对这些国家的棉花进口潜力指数均小于0.9。这就表明今后我国从这些经济体扩大棉花进口的空间非常大，我国应该注重开拓这些新兴市场。

四、给中国棉花进口的主要政策建议

从前面的分析中可知，我国棉花进口的特点为进口金额较大，数量较多，进口价格较低，来源地非常集中。利用改进型贸易引力模型对我国棉花进口潜力测度的实证分析过程可以看出，我国的经济规模、进口来源国的棉花产量、中国人口数量都对我国棉花进口具有正向的促进作用，而进口来源国与我国的地理距离、进口来源国棉花出口价格、中国棉花收获面积则是阻碍我国棉花进口的主要因素。而且，我国与各棉花贸易伙伴的进口潜力差距较大。根据此分析，可以给中国的棉花进口提出几点建议：

（1）中国应创造公平透明的条件，鼓励企业参与棉花贸易。未来我国棉花的增长空间有限，而纺织服装的大量出口在短期内仍不会改变，因此棉花的大量进口仍将是国内棉花产业必须面对的现实。进口棉花应该成为国内棉花市场的有益补充，这也有利于我国创造更多的社会财富。但是，自2015年开始，中国除发放按照加入世贸组织承诺的89.4万吨进口棉花配额外，不再增发进口配额①，这就要求我国出台相关政策，确保有限的棉花进口配额分配的公平透明，以免出现权力寻租等腐败现象。此外，我国应积极鼓励国内涉棉企业积极参与棉花国际贸易，以获得最佳收益。

（2）因为中国经济规模是促进我国棉花进口的最重要因素，同时我国的总人口因素也在促进棉花进口，所以在我国土地有限的大前提下，随着我国经济规模的扩大、人口的增长和纺织服装产品生产需求的增加，我国的棉花进口仍可能增长。当然，需要看到的是，我国的棉花收获面积是制约中国棉花进口的最重要因素，因此我国需要稳步提高棉花生产效率，增加棉花单位面积产量，以逐步提高棉花的自我供给比重。

（3）我国棉花进口规模较大的贸易伙伴，如澳大利亚、美国、印度和乌兹别克斯坦的潜力已经得到了较大的开发与挖掘，这几大市场均属于“过度进口”或“进口饱和”型市场。棉花进口市场的过分集中不利于中国棉花进口贸易安全，因此我国迫切需要在这些较为稳定的棉花供应国之外，开拓其他市场，以避免棉花进口市场的进一步集中。

（4）在我国棉花“进口不足”的国家中，土库曼斯坦、伊朗和马来西亚的棉花出口价格非常优惠，2013 年其对中国的棉花出口价格分别为 0. 80 美元/公斤、1. 01 美元/公斤、1. 07 美元/公斤。因此，中国可以优先扩大从这些市场进行进口，以节约棉花进口成本，从而降低国内纺织服装产品的原材料成本。此外，2013 年棉花出口金额排名第四和第五的巴西和希腊也是中国棉花“进口不足”的国家，这两个国家 2013 年对中国的棉花出口份额占其棉花出口总额的比重分别为 29. 31% 和 11. 48%，而且这两个国家的棉花出口价格均为 2. 03 美元/公斤，在出口价格中属于中上水平，因此今后我国可以适度扩大从这两个国家进口棉花的份额。此外，建议我国完善棉花进口价格的监测预警系统，及时发布相关价格信息，有针对性地提出棉花进口的指导意见，尽量避免从性价比不高的国家（地区）进口棉花。另外，我国应协助进口棉企联合起来，通过共同谈判形成买方垄断力量，进而提升我国企业在棉花进口贸易中的讨价还价能力。

① 不再增发棉花进口配额，引导企业用国产棉，http：//www. socotton. com/Html/IndustryNews/2014 -9/22/_2014922201711302. htm。

第六章　中国棉花产业国际竞争力测定：与八个国家的比较

在棉花国际竞争力理论和中国棉花产品国际竞争力实证研究的基础上，本章将建立综合评价体系，选取适当的比较对象来衡量中国棉花产业的国际竞争力。这既是棉花国际竞争力理论的运用，也是为提升中国棉花国际竞争力的各项建议与对策提供客观依据。

第一节　建立综合评价体系

棉花产业国际竞争力的测定涉及众多因素，因此，需要在遵循一定原则的基础上选择适当的指标，并权衡各指标的重要性，建立起综合评价体系。

一、评价指标的选择

棉花产业国际竞争力指标是衡量中国棉花发展水平的尺度，是描述中国棉花国际竞争力现状和发展趋势的一种手段。由于棉花产业国际竞争力的衡量指标很多，而其中许多是描述性指标，不能用作定量分析。因此，需要确定选择中国棉花产业国际竞争力评价指标的条件和原则。

1. 中国棉花产业国际竞争力指标选择的条件

一般来说，中国棉花产业国际竞争力的评价指标应满足以下四个条件；

（1）可测性条件。指标必须具有明确的含义和统一的口径，可运用一定的统计程序得出其指标值，那些概念含糊不清，无法实际测量的指标不能作为评价指标。

（2）关联性条件。这一条件要求指标的内向变动应能与棉花国际竞争力的发展紧密关联。指标值增长意味着棉花国际竞争力提升，这一指标为正向指标，如国际市场份额、利润等；反之为负向指标，如生产成本。有不少指标，只是对发展现状进行描述，其值的增长或降低都不能说明棉花国际竞争力的提高或降低，则不能作为评价指标。

（3）可比性条件。这一条件要求所选择的指标，无论是在进行不同经济发展水平的国家或地区比较时，还是对不同文化背景的国家或地区进行比较时，都可适用。

（4）同效性条件。这一条件要求所选择的指标，不能同时既用条件指标，又用结果指标。在进行具体测定时，考虑到棉花国际竞争力是社会经济发展的结果，应尽可能少用条件指标、投入指标，而多选用结果指标、产出指标。

2. 建立中国棉花产业国际竞争力评价指标体系的原则

棉花产业国际竞争力指标体系是具有内在逻辑关系，并满足一定要求的指标结合。指标的简单堆积不能构成指标体系，因此建构中国棉花产业国际竞争力评估指标体系必须遵循以下原则：

（1）重点和准确相结合原则。在构建棉花产业国际竞争力评价指标时，可以选用的指标很多。多选择一些指标，虽然在一定程度上可以提高评价的准确性，但由于指标列得太多，反而可能影响关键因素作用的体现。因此该评价指标的选择与设置必须抓住棉花产业国际竞争力的主要方面和本质特征，尽可能用少而准确的指标把待评价的内容表达出来。

（2）科学性和可行性相结合原则。可行性是指建立的评价体系的数据必须有现实的可达到的收集渠道，科学性是确保评价结果准确合理的基础。建立评价指标体系要考虑可行性，同时又要确保所选取的指标科学地反映棉花产业国际竞争力的特点，并能用统一测算和量化的办法实现。

根据本书对棉花产业国际竞争力的定义以及选择评价指标的原则，本书选取了如下指标来评价中国棉花产业的国际竞争力（见表6.1）①。

---

① 在本书第三章对棉花产业国际竞争力来源的分析中，需求是棉花产业国际竞争力一个重要的影响因素。但是，由于不同市场对棉花产品的需求和偏好是不一致的，其涉及的因素复杂且难以量化，因此评价体系中没有把需求这个影响因素考虑进去。此外，由于机遇是外在因素，且不能量化，因此评价体系也没有把它考虑进去。棉花结构调整的时间较长，且受土地资源的影响较大，因此也没考虑进去。所以该指标体系是针对中国棉花产业国际竞争力的四个现状因素（棉花的生产能力、棉花的国际化程度、棉花的持续增长能力、棉花的长期获利能力）和中国棉花产业国际竞争力来源的四个主要因素（棉花技术创新、政府支持力度、棉农劳动者素质、自然资源）建立的。

表 6.1　中国棉花产业国际竞争力的评价指标体系

第一层指标	第二层指标	第三层指标
生产能力（0.1）	棉花棉布总产量（1）	棉布总产量（百万米）（0.5）
		棉花总产量（万吨）（0.5）
国际化程度（0.15）	棉花产品出口能力（0.5）	棉布出口依存度（%）（0.5）
		棉花出口依存度（%）（0.5）
	开拓市场能力（0.5）	棉布出口在国际市场上的份额（%）（0.5）
		棉花出口在国际市场上的份额（%）（0.5）
持续增长能力（0.15）	生产增长能力（0.5）	棉布产量年均增长率（%）（0.5）
		棉花产量年均增长率（%）（0.5）
	出口增长能力（0.5）	棉布出口年均增长率（%）（0.5）
		棉花出口年均增长率（%）（0.5）
长期获利能力（0.15）	人均生产能力（0.5）	每一农业劳动力生产的棉花（公斤/人）（0.6）
		农业工人人均增加值（2000 年不变价美元）（0.4）
	各种生产指数（0.5）	棉花生产指数（1999－2001＝100）（0.25）
		种植业生产指数（1989－1991＝100）（0.25）
		人均棉花生产指数（1989－1991＝100）（0.25）
		人均种植业生产指数（1989－1991＝100）（0.25）
棉花技术创新（0.15）	棉花生产集约程度（0.5）	每个农业人口经营的耕地面积（公顷/人）（0.4）
		每千公顷耕地上拖拉机使用量（台/千公顷）（0.3）
		每千公顷耕地上收割机使用量（台/千公顷）（0.3）
	棉花单产水平（0.5）	每公顷棉花产量（千吨）（1）
政府支持力度（0.1）	一般服务（0.5）	总体支付（亿美元）（0.25）
		培训服务支付（亿美元）（0.25）
		国内食品援助（亿美元）（0.25）
		收入保险、安全支付（亿美元）（0.25）
	对生产者的直接支付（0.5）	救济自然灾害的支付（亿美元）（0.25）
		生产者退休计划的结构调整支付（亿美元）（0.25）
		资源轮休计划的结构调整支付（亿美元）（0.25）
		环境保护计划下的支付或提供的补贴（亿美元）（0.25）

续表

第一层指标	第二层指标	第三层指标
棉农素质（0.1）	农业总人口（0.2）	农业经济活动人口占总人口的比重（%）（1）
	素质指标（0.8）	大学生入学率（%）（0.2）
		科学和工程类学生比率（%）（0.2）
		人文发展指数（0.2）
		每万人拥有科学家和工程师人数（人）（0.2）
		每万人拥有技术人员数（人）（0.2）
自然资源（0.1）	资源总情况（0.5）	棉花种植面积（万公顷）（0.25）
		耕地面积（万公顷）（0.25）
		乡下改良水资源（%）（0.25）
		用于农业的淡水比率（%）（0.25）
	平均情况（0.5）	人均棉花种植面积（公顷）（0.4）
		人均可再生淡水资源（立方米）（0.3）
		人均耕地面积（公顷）（0.3）

二、指标综合与最终的评价体系

1. 指标综合

评价指标确立以后，接着需要解决如何将单个指标的评价结果转化成一个能反映综合水平的评价结果，而且最好是一个量化的、可比较的数值。具体的处理方法有很多种，这里我们采用层次分析法，把竞争力评价的各个指标先转化为无量纲的分值，即量化测度，再得出一个容易比较的、量化的结果，能直观显示棉花产业国际竞争力的大小。

（1）层次分析法。

层次分析法（Analytic Hierarchy Process，AHP）是由美国著名的运筹学家、匹兹堡大学教授 T. L. Saaty 最早提出来。层次分析法在本质上是一种决策思维方式，它把复杂的问题分解成各组成因素，将这些因素按支配关系分组以形成有序的递阶层次结构，通过两两比较判断的方式确定每一层次中因素的相对重要性，然后在递阶层次结构内进行合成以得到决策因素相对于目标重要性的总顺序。层次分析法体现了人们决策思维的基本特征：分解、判断、综合，具有系统性、简洁性、灵活性、实用性等特点，是进行评价、决策、计划和系统分析的简单而实用的方法。该方法作为一种定性与定量相结合的工具，目前已在油价规划、教育计划、钢铁工业未来规划、效益成本决策、资源分配和冲突分析等方面得到广泛的应用。

同样，我们可以利用层次分析方法来确定棉花产业国际竞争力各因素的权重，以 Xp1，Xp2，…，Xpn 作为棉花产业国际竞争力的三级指标，以 C1，C2，…，Cn 作为二级指标，以 D1，D2，…，Dn 作为一级指标。通过计算得出各三级指标的量化测度，利用层次分析法对三级指标进行计算得出二级指标的量化测度，再对二级指标利用层次分析法得出一级指标的值，对一级指标进行综合分析，得到的结论就是我们需要的结果。其计算过程的拓扑结构如图 6.1 所示。

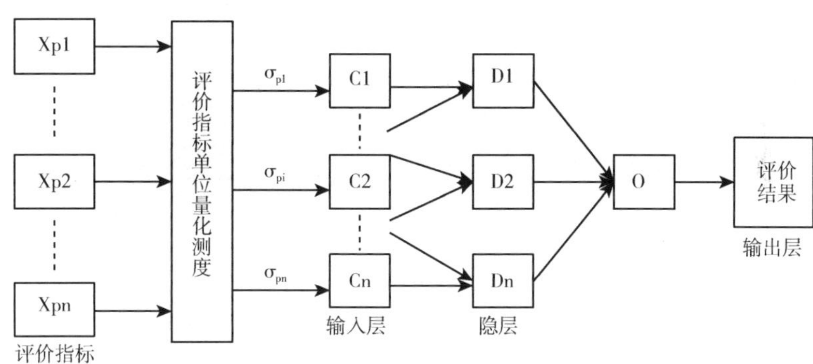

图 6.1　层次分析法

（2）确定各项指标的权重。

采用专家德尔菲法，由九位专家对各项指标的重要性权重作出判断，确定操作层具体指标体系在其对应的第二子层评价因素中的权重，并且总权值等于 1；然后，对每个第二子层评价因素予以分值，取加权平均计算出各个第二子层评价因素的分值，为以后的模型所用。计算公式如下：

$$M = \sum_{l=1}^{h} W_i l \sum_{j=1}^{m} W_i j \sum_{k=1}^{n} W_i k \times Z_i k \qquad (6-1)$$

其中，W_{ik} 为第 i 个一级指标中第 k 个二级指标的权重；$Z_i k$ 为第 i 个一级指标中第 k 个二级指标的量化测度；W_i 为第 i 个指标的权重；n 为一级指标数，本评价指标体系中 n = 9；m 为一级指标所含的二级指标数；h 为二级指标所含的三级指标数。

2. 最终的评价指标体系

根据层次分析法和专家德尔菲法，确定了各评价指标的权重。具体的处理办法是：根据九位专家确定的指标权重，先取各指标权重的平均值，再根据前面建立的棉花产业国际竞争力模型，对各指标的权重进行微调，目的是尽可能地保证权重确定的公正和客观。

第一层指标包括中国棉花国际竞争力的四个表征指标和四个重要来源指标。对于四个表征指标，鉴于中国是大国，农业人口较多，因而棉花的生产能力较强。为了公平起见，所以把棉花的生产能力的权重调整为0.1，而棉花的长期获利能力、棉花的国际化程度与棉花的持续增长能力是棉农增收和棉花国际竞争力的实质表现，因此将其权重均定为0.15。在影响棉花国际竞争力的四个重要因素中，由于棉花技术创新是决定因素，因此将它的权重定为0.15，而其余三个因素，即自然资源、政府支持力度与棉农劳动者素质的权重则均定为0.1。也就是说，第一个层次的指标的权重之和等于1。

在棉花国际竞争力的第二层和第三层指标中，除棉农劳动者素质中棉农劳动总人口权重为0.2，素质指标权重为0.8外①，其余各分指标的权重基本上采用了相关专家的建议来给定权重，最终的评价体系见表6.1②。

第二节 中国棉花产业国际竞争力的具体测定

由于不能直接从棉花产业国际竞争力的最终综合数值判断出中国棉花产业国际竞争力的水平，因此需要选取比较对象。考虑到中国的实际情况，与产品竞争力国际比较一样，本书选择了世界上著名的棉花大国，即美国、澳大利亚、巴西、希腊、乌兹别克斯坦、印度、墨西哥、土耳其作为中国的国际比较对象③。根据本书前面确定的评价原则和评价指标体系，对中国和上述八个国家棉花产业的国际竞争力进行综合评价与比较。

一、测算方法

在对各个国家棉花产业的国际竞争力进行衡量时，采用的指标体系见表6.1，采用的方法是综合评价分析法。

---

① 这样做的原因之一是为了消除大国和小国的差异，以获得比较客观的数据；原因之二是棉农劳动者素质对提高棉花国际竞争力更为重要。

② 为了省却图表空间，所以把各指标的权重直接在表6.1中标出。

③ 棉花产品竞争力的国际比较对象中包含布基纳法索，但由于这个国家棉花产业国际竞争力比较所需的许多数据缺乏，故此处忍痛剔除了这个国家。

为了进行比较，本书采取了较为常用的加权平均法来计算棉花产业国际竞争力的综合值。即把棉花产业国际竞争力评价的各个指标先化为无量纲的分值，即量化测度。再按照它们的权重进行加权平均，从而得出一个容易比较的、量化的结果，能直接显示出中国棉花产业国际竞争力的高低。

具体评价方法如下：

（1）遵照表6.1的指标体系，对各个指标的量化测度：

$$Z_i = \frac{60 + 40 \times (\text{被评价棉花产业国际竞争力指标的实际值} - \text{比较指标中的最小值})}{(\text{比较指标中的最大值} - \text{比较指标中的最小值}) \times 100} \tag{6-2}$$

（2）从具体的指标开始，逐项分层加权计算，随后汇总结果，得到各国棉花国际竞争力的综合评价值，最后进行国际比较。计算综合评价值的公式可表示为：

$$CCI = \sum_{i=1}^{n} W_i \left(\sum_{j=1}^{m} W_{ij} \sum_{h=1}^{t} P_{ij} Q_{ijh} \right) \tag{6-3}$$

其中，CCI（Cotton International Competitiveness Index，CCI）代表某个国家棉花产业的国际竞争力指数，n为棉花产业国际竞争力的构成要素个数，这里有n＝8。m为棉花产业国际竞争力第i个构成要素包含的子构成要素的个数，Q_{ijh}为第i个构成要素的第j个子构成要素的第h个指标标准化后的值，P_{ij}为第i个构成要素的第j个子构成要素标准化后的值，W_{ij}为第i个构成要素的第j个子构成要素在其中的权重。

二、数据来源

本书选择的指标均为定量指标，其数值主要来源于以下数据源：

（1）统计年鉴，包括《中国统计年鉴》《中国棉花年鉴》《中国农村统计年鉴》《中国农业统计年鉴》《国际统计年鉴》《世界经济年鉴》《全国农产品成本收益资料汇编》等。

（2）网上资源，主要有世界银行数据库、联合国粮农组织数据库、美国农业部数据库、联合国货币与基金组织数据库、联合国贸发会议数据库、经济与合作组织数据库、世界贸易组织数据库、中国棉花信息网、中国国家统计局网站、各国农业部网站等。

（3）相关书籍与期刊，包括《中国棉花》杂志，以及《国际农产品贸易自由化与中国农业市场竞争策略》《当代美国农业经济研究》《21世纪中国农业与农村经济》《21世纪中国农业》《比较优势与中国农业经济国际化》《加入WTO对中国农产品比较优势的影响》《WTO农业规则与中国农业发展》《国外农业经济》《改造传统农业的国际经验》《农业总生产率研究》《中国农业的效率评估：理论、方法和实践》《中国农业高效益模式大全》等。

三、评价结果及分析

运用前面阐述的方法和Excel软件对中国与其他八个国家棉花产业的国际竞争力评价数据进行运算，最终得到表6.2的计算结果，从该表中可以看到中国棉花的优势和劣势所在。

表6.2　　中国与其他八个国家的棉花产业国际竞争力指数

	中国	美国	澳大利亚	印度	希腊	巴西	乌兹别克斯坦	墨西哥	土耳其
棉花棉布总产量指数	90.21	83.456	67.653	100.00	65.551	78.406	68.652	60.00	66.46
生产能力指数	**9.02**	**8.3456**	**6.7653**	**10**	**6.5551**	**7.8406**	**6.8652**	**6**	**6.65**
出口能力指数	64.02	100.00	82.231	86.176	78.115	83.589	69.864	60.00	63.47
开拓市场能力指数	72.42	100.00	79.898	79.447	69.252	72.779	67.688	60.00	64.79
国际化程度指数	**10.233**	**15.00**	**12.160**	**12.422**	**11.053**	**11.728**	**10.316**	**9.000**	**9.62**
生产增长能力指数	79.854	79.921	77.118	79.072	70.644	73.586	100.00	60.00	64.32
出口增长能力指数	75.791	86.407	66.777	76.168	100.00	71.674	60.00	62.24	66.414
持续增长能力指数	**11.673**	**12.475**	**10.792**	**11.643**	**12.798**	**10.895**	**12.000**	**9.168**	**9.805**
人均生产能力指数	62.175	73.108	100.00	60.00	67.642	66.601	71.294	63.116	63.725
各种生产指数	100.00	89.385	75.427	79.613	68.925	75.806	69.964	60.00	64.65
长期获利能力指数	**12.163**	**12.187**	**13.157**	**10.471**	**10.243**	**10.681**	**10.594**	**9.234**	**9.628**
棉花生产集约程度指数	62.634	100.00	77.703	63.797	63.859	81.569	64.455	60.00	60.791
棉花单产水平指数	77.922	100.00	78.368	80.312	74.444	76.835	76.228	60.00	64.41
棉花技术创新指数	**10.542**	**15.000**	**11.705**	**10.808**	**10.373**	**11.880**	**10.551**	**9.000**	**9.390**
一般服务指数	63.617	100.00	61.268	64.193	69.257	71.947	60.000	60.017	63.172
对生产者的直接支付指数	63.302	80.94	100.00	66.788	77.121	73.337	63.412	62.627	60.00

续表

	中国	美国	澳大利亚	印度	希腊	巴西	乌兹别克斯坦	墨西哥	土耳其
政府支持力度指数	**6.346**	**9.047**	**8.063**	**6.549**	**7.319**	**7.264**	**6.171**	**6.132**	**6.159**
农业总人口指数	100	79.16	64.88	80.11	60.00	70.66	60.33	64.16	82.47
素质指标指数	76.55	100	90.627	75.611	86.358	84.522	60.00	73.097	66.522
棉农素质指数	**8.828**	**8.958**	**7.775**	**7.786**	**7.318**	**7.759**	**6.017**	**6.863**	**7.450**
资源总情况指数	100	88.707	70.928	79.197	63.008	75.697	64.04	70.426	60.00
平均情况指数	70.555	86.367	100.00	68.518	65.024	63.112	64.801	60.00	61.43
自然资源指数	**8.528**	**8.754**	**8.546**	**7.386**	**6.402**	**6.940**	**6.442**	**6.521**	**6.072**
综合评价值（CCI）	**77.334**	**89.766**	**78.965**	**77.065**	**72.060**	**74.987**	**68.956**	**61.918**	**64.768**
总体排名	**3**	**1**	**2**	**4**	**6**	**5**	**7**	**9**	**8**

从表6.2可以看到，中国棉花产业国际竞争力的综合评价值CCI为77.334，在九个国家中排名第三，为中上水平，落后于美国（89.766）、澳大利亚（78.965），但高于印度（77.065）、巴西（74.987）、希腊（72.060）、乌兹别克斯坦（68.956）、土耳其（64.768）和墨西哥（61.918）。从中还可以看到，中国的自然资源非常丰富，棉花劳动力充足，棉花生产能力强，棉花获利能力较强，但是棉花国际化程度不高，棉花技术创新较为落后，持续增长能力和财政支持力度亟待提高。

从四大表征指标和四大影响因素来看，在棉花生产能力方面，中国是非常强的，其棉花生产能力指数为排名第二，仅低于印度（10.00），远高于其他七个国家。中国棉花国际化程度的综合评价值为10.233，排名第七，仅高于土耳其和墨西哥，而低于美国、澳大利亚、印度、巴西、乌兹别克斯坦和希腊；中国棉花持续增长能力的综合评价值为11.673，排名第四位，低于美国、希腊和乌兹别克斯坦，而高于其余五个国家；中国棉花长期获利能力的综合评价值为12.163，排名第三位，仅低于澳大利亚和美国，而高于其余五个国家；中国棉花技术创新程度的综合评价值为10.542，排名第六位，低于美国、澳大利亚、印度、巴西和乌兹别克斯坦，仅高于希腊、土耳其和墨西哥；中国政府支持力度的综合评价值为6.346，排名第六位，仅高于乌兹别克斯坦、墨西哥和土耳其，而低于其余五个国家；中国棉农素质的综合评价值为8.528，排名第三位，仅低于美国和澳大利亚，这主要是因为中国农业人口数较多，棉农总量占据优势；中国自然资源的综合评价值为8.528，排名第二，仅低于澳大利亚，而高于其他七个国家。

四、小结

从以上对于棉花产业的国际竞争力比较可以看出，中国棉花产业的国际竞争力总体处于中上水平。也就是说，虽然我国的棉花产品总体上不具有国际竞争力，但是我们依然应该从产业国际竞争力的比较中找到中国棉花产业的优势所在。如前所述，我国棉花产业的国际竞争力优势表现在生产能力、长期获利能力、棉农素质和自然资源上，而中国棉花产业的国际化程度、持续增长能力、技术创新程度、政府支持力度则急需增强。

第七章　提高中国棉花国际竞争力的对策研究

从第六章对中国棉花产业国际竞争力的具体测定可以看出，中国棉花总体上具有一定的国际竞争力，但这种竞争力并不是很强。此外，从第五章的实证分析可知，中国棉花产品完全不具备国际竞争力。因此，基于第六章的分析，中国应该有针对性地采取有效对策，以提高中国棉花的国际竞争力，使中国棉花产品更多地进入和占领国际市场，这无论是对棉花本身的可持续发展，还是实现棉花现代化及提高棉花收入都是非常重要的。

第一节　国际上提高棉花国际竞争力的主要经验

一、政府为棉花外向型提供财政、金融和智力方面的支持

1. 财政支农力度强大

目前，发达国家财政支农的比重占财政总支出的30%～50%，印度、巴西等发展中国家也达到了10%～20%。例如，2014～2015年加拿大联邦与省两级政府财政支农投入高达73亿加元，占该国棉花国内生产总值的36%；以色列政府每年为外向型农业投入研究开发的资金约8000万美元。美国相关法律规定，农产品全部海关收入的30%交给农业部，用于扩大对农产品的需求和提高农场主的收入，其中包括用于鼓励农产品出口（自然也包括棉花出国）。美国第480号公法甚至规定，总统有权同所谓的友好国家协商和执行以当地的不可兑换的货币来购买美国的剩余农产品，有权用农产品信贷公司的食物向与美国友好的任何国家和人民提供直接援助，有权向不发达国家提供长期低息贷款用以购买美国的剩余农产品。从中国的情况来看，尽管财政用于农业支出的绝对量呈现出不断增长

的趋势，但占财政总支出的比重并不高，2000～2015 年平均占比为 6.6%，比 1990 年的 10% 低了 3.4%，比 1980 年的 12.2% 低了 5.6%，比 1978 年的 13.43% 低了 6.83%①。

2. 政府重视棉花科学研究，积极引进和开发先进的棉花技术

巴西政府大力引进日本技术和人才，在巴西稀树草原地区实现了大面积棉花用地开发和规模性生产。还积极引进以色列的农业灌溉技术，扩大东北干旱地区的水浇地面积，有效改善了当地的棉花生产条件，并在该地区建起一大批大型棉花产品出口基地。荷兰政府积极扶持以实际应用为主的农业科学研究，如联合利华公司在鹿特丹设立的研究中心，拥有研究人员 2000 多人，另外还在 40 多个国家的子公司设有实验室。加拿大农业科研强度一直大于 2%，种子、种畜繁育和动物疫病防治水平比较高。而从中国政府财政农业支出的结构来看，用于人员供养及行政开支等事业费用占到了财政支农的 60%，建设性支出与棉花科技三项费用支出的比重不高。2015 年我国财政支农中农业科技三项费用支出仅占当年财政支农的 0.68%，当年棉花科研强度仅为 0.032%。根据专家估计，中国植病生物技术研究，与发达国家相比较，至少相差 15 年以上。

3. 政府重视农业教育，培养高素质的棉花从业人员

美国的农场主大多是各州立大学的毕业生，西欧国家的农民除具备文化水平外，还要经过专业培训并领到“绿色证书”后才能正式成为农民。尽管中国一直致力于提高棉花劳动者素质，但情况仍不容乐观。根据 2010 年我国第六次人口普查，全国文盲人口（15 岁及以上不识字的人）为 54656573 人，与 2000 年第五次全国人口普查相比，文盲人口虽然减少了 30413094 人，文盲率由 6.72% 下降为 4.08%，下降 2.64 个百分点，但是与发达棉花大国相比依然有较大差距。另据估计，到 2020 年我国农民平均文化程度也只能达到 11 年（高中水平），而西方发达国家 20 世纪 80 年代末就达到了 11 年，目前已经达到了 14 年以上。

4. 政府采取多种措施扶持棉花出口和提高出口棉花产品质量

（1）政府通过谈判打破农产品出口障碍。美国政府通过谈判迫使别国降低农产品进口关税并减少农业补贴，切实增强了美国棉花产品的竞争力。巴西政府通过与其他国家签订自由贸易协议，进行双边和多边贸易谈判等方式，消除了国际上针对巴西农产品的贸易壁垒，从而保证了巴西棉花产品的出口。（2）采取价格扶持政策鼓励出口农产品生产。巴西通过农业低息贷款政策和农产品最低保

① 原始数据来源于《中国统计年鉴 2016》。

证价格、取消农产品出口税以及“北方农产品出口长廊建设计划”和“北部地区灌溉计划”等提高了农民出口农产品生产的积极性。（3）颁布法规，提高出口农产品质量。荷兰在综合过去陆续颁布的“肉类检验法”“黄油法”等单行法规的基础上，制定了“农产品质量法”，要求农业生产和加工技术规范化，把质量管理工作贯彻到从生产、加工和流通的整个过程中去。（4）政府重视农产品信息收集。丹麦设立了促进农业出口委员会和农产品销售委员会等机构，这些机构的任务就是不惜代价地组织各企业参加世界各地的食品博览会，还经常到一些丹麦食品的进口国进行调查，把调查的数据都存入数据库，以便生产者随时随地掌握信息，适应国际市场的竞争。巴西政府则建立了全球农产品销售信息网，农场主借助现代通信工具，对本地、州、全国和圣保罗交易市场、美国芝加哥交易市场的棉花行情了如指掌。

我国在农产品质量的法规建设方面取得了长足进步，颁布了若干部重要法律法规，如《农作物种子质量检验机构考核管理》《国务院关于加强食品等产品安全监督管理的特别规定》《农产品质量安全法》《进出口商品检验法》等，但是这些法律法规尚待详细化和规范化。对棉花这样一个大产业的管理，采取传统的管理模式显然是行不通的，必须依靠现代化的信息网络来实现管理和协调，因此中国政府在棉花信息发布、棉花信息网络建设以及棉花对外谈判力度等方面可以大有作为。

二、按照国际市场需求及时调整棉花产品出口方向

目前，美国已把棉花产品出口方向的重点转向发展中国家和中等收入国家。其理由是：不但美国国内棉花产品市场饱和，欧洲等发达国家也是“成熟的市场”，拓展潜力不大。因此，在努力开辟世界各国市场的同时，美国还把一些经济发展快的发展中国家视为市场潜力巨大的“中产阶级”国家，把对这些国家（其中包括中国）的出口作为调整的重点。

三、积极提高棉花科技水平

1. 美国提高棉花科技的经验

美国农业机械化程度非常高，棉花害虫防治的各项措施都有相应的机械设备进行配套。因此，防治措施实施都能及时、全面、到位。棉花害虫综合治理技术

的实施，既有棉农的自觉行动，也有政府的干预行为。政府主要采用法律干预，对一些防治措施的执行具有强制性。各产棉区根据自身自然条件，制定合理的播种时间和棉秆轧碎深埋期限，棉农必须无条件遵守。春季和秋季棉铃象甲成虫迁移活动期间，专业喷药公司负责喷药灭虫，棉农必须无条件提供资金保证。通过依法治虫，大部分棉区红铃虫长年数量均处于经济危害水平之下，棉铃象甲的危害也大大减轻。

美国有两种采棉机——摘铃式和统收式。摘铃式机有选择地用带刺的锥形棒从吐絮的棉铃中将棉纤维采下来。一块棉田可以针对不同层次的棉铃分几次采摘。统收式采棉机无选择性，它一次性地将吐絮的棉铃与未吐絮的、破裂的棉铃以及浆果等杂质一起收走。统收机在德克萨斯州的高平原、罗岭平原、里约观峡谷以及俄克拉荷马州应用很普遍。摘铃式采棉机结构复杂，需要良好的维护和适当的调试才能高效率工作。它的采棉效率能达 95%，但通常人工只能达 85% ~ 90%。因此，应该认真按照生产厂家的操作说明使用采棉机，这样才能保证达到最高工作效率并最小限度地损伤纤维和棉籽统收式采棉机结构简单效率高，能将棉田中 99% 的棉花采摘上来。

美国的棉花加工技术与设备在世界上处于领先水平，棉花加工厂特点是规模大、自动化、智能化程度高，加工质量好，成本低，皮棉在国际市场的竞争力强。自 1915 年以来，轧花厂就开始进行了联合和合并。1968 年，美国共有 4210 个轧花厂。到 2000 年，开工的轧花厂仅有 1018 个，2004 年为 800 余家。

在美国，籽棉的贮存和运输是整个棉花加工中的重要环节。美国现在采用的籽棉贮存和运输有两种方式：（1）高栅栏运棉拖车。这种拖车将栅栏固定在拖车底板周围，重心较低，容积很大，可装运散状籽棉 9 吨左右，单车式牵引运输，到了轧花厂后由伸缩吸管可移动地进行卸料，不在轧花厂贮存。此拖车制造成本相对较低，由于体积大，又不能自卸，仅适用于运送棉花。（2）棉模贮存及运输。在美国，用于籽棉贮存和运输的另一种形式是棉模系统，它是轧花行业影响最大的一项成果。采棉机在采摘棉花时，由专门的棉垛压实机将松散的籽棉压成棉垛，形成棉模，然后套上帆布套，贮存在田间地头。此后的 1 ~ 3 个月内可随时租用棉花加工厂专用棉模运输车将贮存在田间地头的棉模自装上车，并运抵加工厂后自卸到开垛机平台上，再由开垛机将棉模逐层开松并由输棉管道至加工设备。棉垛模压实机于 20 世纪 80 年代中期用于生产，它是一个底部敞开，上部带有液压压实装置的大金属槽。与轮式拖拉机配套使用，可压实达 10 吨左右的棉模垛。使用棉垛模压实机可减少籽棉田间运输拖拉机及拖车的数量，一般每个棉垛机可满足一个采棉机群的卸棉需要。这种形式一般适用于美国秋冬季无较大雨雪且较为干旱的西南部棉区。这种形式的优点就是能将籽棉暂时贮存起来，提高了摘棉机的利用率。这种系统自 1972 年投入使用，1991 年使用这种形式的占 63%，目前估计有超过 85% 的棉花采用这种贮存和运输。

籽棉卸料部分。在美国籽棉卸料系统因收摘后籽棉的贮存方式不同而不同。现在，主要有两种籽棉卸料系统：（1）通过可移动的伸缩吸管直接从拖车和棉模中吸棉；（2）棉模喂入开松系统。此系统通过机械装置先将棉模打散，后将籽棉运送至吸棉口。这种装置靠电力或液压控制，由 1 人操作即可。

2. 澳大利亚提高棉花科技的经验

澳大利亚在棉花品种上一方面注意纤维品质优良品种的选育和应用；另一方面注重转基因 Bt 抗虫棉在生产上的推广，品种主要来自美国。种植抗虫棉的效益高于常规棉，平均每公顷比常规棉增加 180 澳元，另外还具有良好的社会及生态效益。

在植棉技术上，种植制度以休闲或与小麦轮作为主。澳大利亚棉花由于主要以果枝的第一果节成铃为生产目标，因此一般采用高密度栽培，超窄行，行距在 18～33 厘米，每公顷 9 万～30 万株，单株生长 10～15 台，结铃 6～15 个。种植方式为高垄 2～6 行直播，垄宽 1～2 米，垄间开很窄的沟用于灌溉。肥料使用上强调诊断施肥，每公顷施氮一般 180～200 公斤，基肥于种植前施用。追肥一般与灌水时一起使用，一般分两次，并认为开花前使用效果好。磷肥主要根据土壤状况施用，一般公顷施用 20～40 公斤磷，于种植前 1～2 个月施用。此外，澳大利亚农业属于干旱农业，因此水分管理特别是如何提高水分利用效率是棉花生产的重点管理技术，在生产上水灌溉有一整套综合应用技术标准，并以自动控制的沟灌效果最好。

在虫害方面，棉花防治重点仍是棉铃虫，并建立了综合害虫管理系统应用于农业生产，重点在减少化学农药使用，加强农业和生物防治，降低成本和减少环境危害，如在棉花种植前，种植棉铃虫更喜欢产卵的豆类作物，减少棉铃虫在棉花上的虫口基数，并保护天敌寄主等。农药上使用生物杀虫剂制 Bt 剂，少用化学合成农药。在病害方面主要是苗病、枯黄萎病及烂铃问题，其中又是前两类病害严重影响生产，苗病主要通过种子包衣预防。枯、黄萎病则在遗传上致力于培育抗性品种，这方面澳大利亚政府已作为重点研究进行投入。

澳大利亚棉花科研工作主要由联邦科学技术研究组织（CSIRO）承担。该研究组织成立于 1926 年，是国家综合研究机构，以基础和应用基础研究为主。研究领域包括农业、矿产、制造、通信、信息技术、卫生和环境等方面，CSIRO 的棉花田间试验站在新南威尔士州纳拉布里附近。澳大利亚棉花合作研究中心（Cotton CRC）是澳大利亚联邦政府系列合作研究中心项目建立的中心之一，1958 年建立，最早为州政府的官方研究机构。1972 年澳大利亚联邦政府也在此设置棉花研究中心，1994 年两机构开始合作研究，1999 年合作研究进一步深化。该所主要研究棉花生物学特性、品种选育、病虫防治、环境保护、农田灌溉施肥、决策支持 6 个方面，同时进行技术推广工作，选育的棉花品种在澳大利亚占 80%。

澳大利亚在全国棉产区建立了 11 个棉花技术推广中心，聘任了 11 个推广官员，并建立了 5 个分支机构分别负责杂草、病虫、环境、农场、水利等方面工作。推广中心主要开展涉及全局的技术宣传和新品种、新技术的示范，所有的推广官员都是政府雇员，其中有 3 个由政府提供资金，8 个由其他机构提供资金，所有的服务和宣传都是免费的。另外还有两种服务机构：一种是私人技术服务公司，可为棉农提供诸如防病、治虫、除草等方面的具体技术，通常一个或几个专家组成私人服务公司，全国大约有多 100 家，一个公司可为几户棉农提供服务，每公顷通常收取 30 澳元的服务费。另一种是一些涉棉企业为棉农提供的技术服务，有的负责农场技术指导，有的是结合生产资料供应进行技术服务，一般都是免费的。一些科研单位或大学也可通过技术软件和培训等形式对棉农开展服务，各种服务机构之间经常沟通，相互补充，对技术推广工作起到了积极的作用。

由于澳大利亚棉花生产以农场主为生产单位，每个农场主平均种植棉花 267 公顷左右，因此其棉花生产技术推广形成了完善的网络系统。由澳大利亚棉花协作研究中心国家推广网络将研究成果直接传送给每个生产者。由每个生产区的棉花企业管理者、农学家、水灌溉、害虫管理及喷施应用协调人员密切合作，保证一致的技术信息得以推广。此外，技术决策支持机构和很多研究人员、农场主本身也在技术交流方面起积极作用。整个推广网络以“示范”的原则保证新技术的贯彻和落实。技术推广采用信息转化、试验示范、集中讨论、技术标准化和教育培训等方式进行。其中信息转化主要利用当代媒体和网络技术使每个农场主能及时得到信息，同时还通过农民集中讨论、交流的方式，加快和加深对新技术的理解和应用。技术标准化涉及土壤、秸秆管理，轮作、除草剂、病虫、灌溉、种植、信息资源、利润等综合内容。

四、规模化经营，棉花生产效率高

荷兰从事种植业的农场平均规模为 50 公顷，畜牧业农场平均规模为 40 公顷，园艺花卉农场为2公顷，因此荷兰家庭农场的规模在欧盟成员国中是最大的。规模经营有利于机械化操作、现代化管理，为荷兰棉花外向型发展带来了巨大的规模效益。

加拿大农产品的规模化种植世界闻名，每个农业劳动力平均配备两台拖拉机，负担120公顷（1800亩）耕地的作业任务。加拿大1个农业劳动力每年可生产134吨粮食、2.4吨牛肉、3吨多猪肉和近13吨牛奶，产值高达4.3万美元。

中国棉花生产率水平远远低于发达国家，即使是在最近的几年，中国棉花集约程度与单产水平与许多国家相比，依然相去甚远。

五、组建了形式多样的农业合作组织或合作经济组织

荷兰的农业合作组织分为采购合作社、销售与加工合作社、合作拍卖市场、服务合作社和信贷合作社。这些合作组织促进了棉花专业化分工，提高了劳动生产率，调节了市场供求，保证了棉花产品质量，大大减少了交易成本和费用，对支持农民发展生产、更新设备起了重要作用。

巴西建立了供销合作社、渔业合作社和农村电气化合作社等多种形式的农业合作经济组织，绝大多数农民都参加了合作社，合作社在供应生产资料、加工销售农产品、提供技术服务方面发挥了积极作用。经过几十年的发展，不少合作社已成为集产品生产、加工、仓储和贸易为一体的大型产业集团，这些产业集团为巴西外向型棉花的发展做出了不可磨灭的贡献。

我国目前农业合作组织形式比较多，如“一村一品、一乡一业”“公司+农户”“龙头+基地”“公司+中介组织+农户”等，但作用有限，需要进一步提高和发展。

第二节　提高我国棉花国际竞争力的对策措施

根据前几章所讨论的我国棉花生产和贸易的现状、我国棉花产品和棉花产业国际竞争力的现状以及我国棉花产业的SWOT分析，考虑到政策的可行性，本节特提出了优化棉花生产区域布局，加大科技推广力度，增加财政投入，深化棉花流通体制改革，推进棉花产业化经营，培育优质棉花，加强流通监管，参与贸易

规则制定，加快自贸区建设等路径来提高我国棉花的国际竞争力。

一、发挥比较优势，优化棉花生产布局

棉花成本与自然条件的关系密切相关。自然条件适宜时，种植棉花单产高，单位皮棉产量的成本低。所以有必要综合考虑成本水平、成本变动概率优势、自然条件等因素，优化棉花生产区域布局，以提高棉花单产，降低单位皮棉成本。要充分利用农业区划成果，退出风险棉区，集中于优质高产棉区，实现棉花种植品种区域化、区域棉花品种单纯化，棉花品质多样化，从而达到棉花专业化生产，集约化经营的目的，形成有国际竞争力的棉花产业区域。

通过第四章对我国棉花种植和生产的区域研究可以发现，我国黄河流域、长江流域和西北内陆棉区三大棉花产区的自然禀赋条件差异十分明显，单产也有较大差别。据国家统计局统计，西北内陆棉花产区的棉花单位面积产量为1882.53公斤/公顷，几乎是另两大棉花主产区的两倍。虽然三个棉花产区从资源禀赋上来看都具有自己得天独厚的条件，但是黄河流域产区和长江流域产区的单位面积产量处于同一水平，普遍低于西北内陆棉产区，因此应当发挥棉花主产区的区域优势，优化棉花的生产区域布局，逐步、适当、有计划地缩减淘汰长江流域和黄河流域棉产区棉花低产的种植区域，增加单位面积产量较高的新疆等西北内陆棉花产区的棉花种植面积。通过优化棉花种植产业布局，有利于提高我国棉花整体的单产量，提高棉花的收益率国际竞争力，有利于我国棉花种植产业的长远发展。

针对我国黄河、长江流域棉区的特点，因地制宜地推广抗虫棉品种，降低生产成本。大力推广间作套种立体种植技术，提高棉花生产的综合效益。在全国范围内，因地制宜地加速优质、专用、特用棉花新品种的推广，建立大面积优质、高产、高效的棉花科技示范区，组织棉农开展标准化生产。

从种植方式看，黄河流域棉区，稳步发展麦棉两熟种植方式。麦棉两熟种植，既是提高本地区棉田经济效益的有效途径，也是解决黄河流域省份人多地少压力的有效方法。目前发展麦棉两熟，应采用优质短季棉晚春播，并改变种植方式，解决晚熟问题，提高霜前好花率。同时推广优质抗病抗虫新品种，进一步提高棉花种植的经济效益。长江流域棉区主要因多春雨、伏旱、秋阴雨，而不利于苗期生长和吐絮。实行粮油棉两熟制栽培，应推广优质抗病、抗虫、中早熟品种辅以模式化栽培技术，以减轻病虫害，减少人工和农药的投入，提高产量和品

质，促进棉花生产的稳定发展。新疆棉区，是我国最具活力和发展潜力的棉区。其棉花生产面临的主要问题是水资源短缺，纤维内在品质偏低，且含糖高以及棉花蚜虫、黄枯萎病害等问题。应大力推广应用优质、抗虫、抗病、抗旱、早熟棉花新品种，同时规范“密、矮、早”和化学调控等种植技术体系，着力提高纤维品质，增强其在国内外棉花市场的竞争力，以实现高效生产，促进棉花种植业的可持续发展。

此外，我国三大产棉区域，因地理环境、气候条件的差异，所受自然灾害不同。建议根据不同的棉区各自的灾害特性采取不同的对策。新疆棉区和黄河流域主要是受旱灾的影响，长江流域则主要是阴雨和涝灾的影响。因此，应当在不同的棉区根据各自的灾害特性实施农田基本建设。对于降水过多和光照不足的长江棉区，要切实加强农村水利等基础设施建设，深入开展县乡河道疏浚，加大重点好区域治理，建设丘陵山区水源工程，综合治理大江、大河，提高防御洪水的能力。对于水资源十分匮乏的黄河流域和新疆棉区，应当加大灌溉设施的投入，推进灌区节水改造，提高用水效率。病虫害是棉花产业的一大公害，对病虫害的治理可以改善棉花生产的自然环境条件，也具有公益性，政府应该将其作为一项重要的棉花基础设施建设工作。建议大力建设农作物病虫害防控防治体系，建立以生物防治为主的病虫害综合防治技术体系，努力减少病虫害对棉花质量的影响，降低棉花质量损失。

二、加强科技创新，建立更为完善的科技推广体系

农业技术创新是指不断进行农业新技术的研发，不断促进动植物品种改良的全过程；是应用先进物资设备和实现农业资源有效、合理配置的过程；是通过市场把农业新构想、新技术和旧的生产要素转变成新的农产品并实现长期增值，从而不断提高农业生产的社会效益、经济效益和生态效益的过程。

目前我国农业正由生产主导型的传统农业向技术主导型的现代农业转变，以往单纯依靠加大生产资源投入的粗放型增长方式已难以持续。因此，加快推进农业技术创新是建设新农村、实现农业农村经济可持续发展的必由之路，是提升农业科技含量、促进农业科技成果转化、提高棉花国际竞争力的关键举措，是农业转变发展方式的重要基础。同理，加强棉花产业的技术创新，建立更为完善的科技推广体系也是增强我国棉花产业国际竞争力的重要措施。

目前，发达国家在棉花的播种、收获到加工的各个环节都已实现了机械化，

一些国家的棉花生产甚至进入了高科技时代，电脑、生物工程等技术得到了广泛应用，良种普及率几乎达到了100%。而我国由于劳动生产效率低下，单位劳动力每年创造出价值与发达国家相比差距很大，这些差距最终表现在棉花生产效益和棉花产品竞争力的差距上。

据中国农业科学院估测，我国农业科技研发的总体水平与国际先进水平相差10～15年，其中农业生产技术水平与发达国家则相差15～20年以上。“八五”期间，我国农业科技进步贡献率为34%①，“九五”期间我国农业科技进步的贡献率超过了50%，目前我国农业科技进步的贡献率虽然达到了55%左右，但与发达国家相比差距依然很大。早在20世纪70年代初，美国农业生产总值的81%和劳动生产率提高的71%就是依靠农业技术创新实现的。目前发达国家农业技术对农业生产的贡献率已达到75%以上，其中德国、英国、法国、以色列等国甚至高达90%。随着全球化进程加快、生物技术的发展和改革开放的不断深入，我国种业发展也面临着新的挑战。商业化的种业科研体制机制有待健全，科研与生产脱节，育种方法、模式和技术落后，创新能力不强等问题有待解决；种子市场准入门槛较低，企业数量众多但规模较小，育种资源和人才不足，竞争力不强等问题依然存在。我国农业主要生物技术研究与产业化落后发达国家10～15年，农业信息技术则相差约20年。在优异种质的贮存、筛选、创新和利用方面，我国与世界先进水平相比落后大约10年。在种子产业化方面，与世界发达国家的差距则达到25～30年。

形成差距的主要原因：一是我国财政支农资金中用于农业技术创新与推广应用的资金依然不足。自20世纪80年代以来发达国家农业技术创新及推广应用经费一般占其农业总产值0.6%～1.0%，发展中国家也在0.5%左右，而我国仅为0.17%～0.27%。二是我国农业研究过分偏重产中技术，其中55%集中在种植业领域，对产前和产后的重视程度偏低。而美国目前农业科研力量的70%集中在产后阶段，我国农业科研力量在产中和种植业两方面的过分集中最终导致农业科技的现有转化率很低。

因此，未来我国能否不断运用新的现代农业技术并使之转化为现实生产力，是提高我国棉花产品品质、增强棉花国际竞争力的关键。具体的对策如下：

第一，选育推广优良品种，强化品种管理。棉花品种是决定品质的内在因素，选育推广优良品种是生产优质棉的基础。要通过开展棉花品种普查，对比分

① 牛若峰．农业与发展．浙江人民出版社，2000。

析，筛选出高产优质、各项品质指标协调的适合不同生态区域特点的棉花优质品种，明确主栽品种、接班品种和储备品种，关注品种的早熟性、抗病抗逆性和色泽。要强化科研单位与棉种生产企业的紧密结合，通过企业与科研、教学单位的强强联合，充分聚合种质资源、科技资源和研究力量，共同研究、联合开发，具有自主知识产权的优质棉花品种。要实行严格的商品种子质量安全认证制度，确保生产用种质量。结合我国各个生态棉区的不同特点，建立统一规划、定点生产、分片供种的原种、良种的棉种生产体系，形成从棉花新品种选育、高标准原种生产到大面积推广应用完整的棉花良种“育、繁、推”一体化。要加强品种管理，严格棉花品种审定，未经审定的品种不得推广经营；严格按生态区域布局，实现全区品种多样化，区域品种的单纯化；加大执法力度，杜绝棉种“乱引、乱繁、乱推、乱调”现象，提高原棉的一致性和整齐度。

第二，加大先进实用技术推广力度，提高单产和品质。棉花高密度亩产皮棉150公斤综合栽培技术，是我国新疆地区经过实践检验的，是广大棉农和基层干部、科技人员广泛认可的重大技术措施。要继续大力推广棉花高密度亩产皮棉150公斤综合栽培技术，一方面加大技术推广力度；另一方面进一步提高技术到位率。棉花自压软管微孔滴灌技术，成本低，适应性广，节水、增产效果非常明显。要加大膜下自压软管微滴灌力度，推动棉花产业新的一轮技术革命。膜下滴灌加高密度高产模式化栽培，将进一步大幅度提高棉花单产，进一步提高棉花的市场竞争力。要进一步建立健全病虫草害测报防治体系，研究推广重大病虫草害防治新技术，加大防治力度，提高防治效果。要加强国内外科技合作与交流，全面建立起我国的棉花科技创新与技术推广应用体系。

第三，要深化农业科研体制改革，营造良好技术创新氛围。（1）推动形成优化资源配置的长效机制。搭建政策和技术平台，建立健全城乡科技要素优化配置的长效机制，引导城市科技要素和资源更多地向农业和农村转移，将技术、人才和管理等现代生产要素植入农村。要加强对基层科技进步工作的指导和评价，切实增强农村基层科技的发展活力，推进科技富民强县。（2）加大农业科技投入，营造支持农业技术进步的良好政策环境。在基础性、前沿性研究和重大关键技术的研发方面要切实保障政府投入，力争在关键领域和核心技术上实现重大突破；在农村技术应用服务环节要充分发挥政府引导和市场驱动两个机制的作用；要开辟多种渠道，扩大投入规模，不断提高我国农业技术投入占农业国内生产总值的比重；要根据农业科技发展的实际需要，不断优化农业科技投入结构；引导社会力量广泛参与，以科技要素带动金融要素向现代农业集聚，以金融资金支持促进农业科技进步；建立农业科技创新基金，切实加强农业技术创新成果的转化和应用。(3) 完善创新农业科技的体制和机制。继续深化科技体制改革，加快农业科技创新体系和现代农业产业技术体系建设；要进一步优化创新资源配置，加强对公益性农业科研机构和农业院校的支持，促进产学研、农科教相结合，继续支持高等院校、科研院所同农民专业合作社、龙头企业、农户开展多种形式的技术合作，不断增强农业的技术创新能力、公益服务能力和自我发展能力。(4) 加强农业科技人才队伍和创新基地建设。制定、完善激励科技人员深入农业农村一线创新创业的政策措施，要加强我国乡土科技人才的培养，形成一支总量足、用得上、留得住、结构合理的农业农村技术人才队伍。

第四，要建立健全可持续农业科技创新体系。(1) 建立健全可持续农业知识创新体系。重点建设一批类似陕西杨陵的国家农业知识创新基地，形成网络和体系，将农业高等院校和科研院所等方面的力量集结起来，对一些具有全局性、重大的、基础性和创新性前沿领域集中进行研究。(2) 建立健全可持续农业生产技术体系。可持续农业生产技术体系应实现降耗型技术与增效型技术的结合，传统技术、常规技术与高新技术的结合，生物化学技术与机械工程技术的结合，组装配套与引进、研究、开发、改造的结合，以现有技术的组装配套和标准化为重点，彻底改变速度、资源、数量型的传统农业生产技术体系特征，建立起质量、技术、效益型的与生态环境协调发展的可持续农业生产技术体系。(3) 建立健全可持续农业技术扩散和推广体系，继续补充完善基层农业技术推广服务体系。要继续推进农业技术传播站建设，鼓励龙头企业、科研院所、农业院校采用市场的办法进行合作，建设服务于产业的农业科技传播站、农业技术专家工作站、星火科技专家大院等农业技术综合服务载体；要大力发展现代远程教育，加速建立与完善现代农民科技培训体系；要按照“强化公益性职能，放活经营性服务”要求，建立起“良种良法直接到田、科技人员直接到户、技术要领直接到人”的长效机制；要加速农业信息化进程，完善国家、省、市、县四级农业数据库，重点建设多媒体远程诊断系统，积极推广“三电合一”服务模式，切实提高农业信息化服务能力；推行农业科技特派员制度，创新选派形式，不断壮大农业技术服务队伍，不断提高服务水平。加强农业技术创新和推广服务人才培养。要依托重大农业科研项目、科研基地和重点学科，不断加强农业技术创新团队建设，培育农业高层次人才；要继续稳定和壮大农业技术人才队伍，加强农业技术推广与普及，积极开展农民技术培训。

第五，深化农业科研体制改革，解决棉花科技与生产经营脱节的问题。增加对棉农生产经营技术的有效供给，是提高棉花国际竞争力基础和前提，为此，必须改革现有与棉花生产经营脱节的农业科研体制。首要的问题是组织专家对科研机构的服务功能进行准确的界定和划分，并据此进行相应的改革。对于提供公共服务的棉花科研机构，必须按非营利机构的机制运行和管理，政府通过竞争择优方式提供科研项目和基地建设经费，同时予以必要的政策扶持。非营利性科研机构的研究项目以应用基础研究为主，重点解决行业全局性、关键性、基础性和共性的重大农业科技问题。除提供公共服务的棉花科研机构外，其他棉花科研机构要转为直接面向市场和棉农的农业科技企业或中介服务机构。政府在推动科研机构转制时，要使之具有明晰的产权关系，并形成有效的激励机制。科技企业在发起成立之初，政府有必要通过科技项目招标方式，继续对这些科技型企业从事的关键性和前沿性棉花技术研究活动予以支持。同时，通过完善产权保护制度、排除市场准入歧视、降低民间投资的产业门槛等切实可行的措施，促进民营科技型小企业的发展。加强棉花技术集成创新力度，加强部门之间、地方之间、棉花科研机构与农民之间的协调与配合，围绕棉花生产中的关键技术问题，发挥各自优势，集中攻克棉花技术难题。

三、增加财政投入，加强水利设施建设和病虫害防治工作

（一）继续加大财政支持力度

从国内来讲，与各个方面要求支持农业的呼声相比，政府因受财力的限制对农业的投入仍不能满足我国农业的需要。即使达到了《农业法》所规定的每年用于农业的支出不得低于经常性财政收入增长的要求，中国政府对农业的支持总量仍是低水平的。自 1978 年开始，国家财政用于农业的支出的绝对量呈现出不断增长的趋势（1980 年、1981 年和 1999 年除外）。但是，需要注意的是，国家财政用于农业的支出占财政总支出的比重并不高。除了在 1978 ~ 1980 年、1991 年、1992 年和 1998 年超过 10% 以外，其余年份均低于 10% 。近年来基本维持在 7.1% ~7.8% 的水平。而发达国家财政支农的比重则占财政总支出的 30% ~ 50% ，印度、巴西等发展中国家也达到了 10% ~20%①。当然，随着国家对“三农”问题的日益重视，国家财政用于农业的支出增长速度在逐步接近同期财政支出的增长速度。1978 ~1985 年，我国财政支出增长速度为 78.62% ，而财政用于

① 参见张亚珍．改革开放以来中国居民消费的变化及其优化策略．商情，2009（9）.

农业支出增长仅为 1.96%；而 1999 ~ 2006 年，我国财政支出增长速度为 206.52%，财政用于农业支出增长达到了 192.23%，即将达到《农业法》规定的“国家财政每年对农业总投入的增长幅度应当高于国家财政经常性收入的增长幅度”的要求。

另外，财政农业支出占农业增加值比重在 1978 ~ 1980 年、1996 年、2001 ~ 2006 年均超过 10%，其余年份则维持在 7% ~ 9% 的水平。尽管该比重近年来出现不断增长的态势，2006 年已经达到了 20.11%，但相对于理论中的最优规模 32.4% 来讲，我国财政支农支出总量还有些差距，相对规模较小。

2007 年开始，国家调整了统计口径。2007 ~ 2015 年国家财政用于农林水事务的支出占财政支出总额的比重分别为 6.84%、7.26% 和 8.81%；国家财政用于农林水事务的支出占农业增加值的比重分别为 11.89%、13.48% 和 19.08%。此外，值得一提的是，虽然 1978 ~ 2015 年我国农业基本建设支出占全部财政支农支出平均比重为 25.22%，但是建设性支出中，大中型带有社会性的水利建设占较高比重，农民直接受益的中小型基础性设施建设比重过小。目前依靠农业基本建设支出建成的主要是中大型项目，如“三北防护林”工程、退耕还林还草工程、野生动植物保护及自然保护区建设工程和南水北调工程等。

因此，未来要确保国家新增财力和国债资金分配向农业倾斜。近几年国家财政收入每年以 1500 亿 ~ 2000 亿元的幅度递增，根据预测，这种增长势头在“十三五”期间仍会保持下去。建议国家财政每年新增财力分配要划出 10% ~ 15% 的份额用于农业，这是强化农业投入的一条重要措施。要确保国债资金分配向农业倾斜。1998 年以来我国实行积极的财政政策，增发长期国债，加强了农业基本建设投资，效益和作用相当明显。近期积极的财政政策还不能完全退出，继续发行国债仍是我国财政政策的必然选择。建议今后国家发行的债务收入，除去还本付息外，仍要拿出相当比例的国债资金投向农业，这对于加强农业和农村基础设施，增强农业发展后劲，必将发挥十分重要的作用。在重点发展的优势产棉基地县市要增加包括基本农田、田间节水灌溉和渠道防渗为主设施、病虫害防治、成片中低产田改造和生态环境等方面的农业基础设施建设投资和专项资金，改善农业生产条件，增强抗御自然灾害的能力，稳定棉花生产能力。在棉花基础设施建设投入上，自治区要整合财政支农投入，完善政府财政支农资金管理体制，尤其是用于棉花基础设施建设的各级各类财政资金投入，要加强统筹协调和统一安排，防止项目重复投资或投资过于分散，使有限的资金发挥出最大的效益，全面改善棉田基础设施，保证棉花生产能力的发挥。

（二）切实加强棉花的病虫害防治工作

旱涝自然灾害和病虫害是严重影响我国棉花产量的不利因素。我国三大棉区土地面积庞大，南北东西跨距较大，地理环境和气候条件差异较大，自然灾害的类型多种多样，棉花的种植对于自然条件要求较高。长江地区阴雨天气和雨水较多，涝灾多发，黄河流域和西北内陆则会经常受到旱灾的影响，对棉花的种植活动会有一定程度上的不利影响。因此，应当加大棉花主产区域的财政投入，对水利基础设施比较薄弱的地区，加强水利基础设施建设，旱涝兼治，推进主要江河河道整治和堤防建设，大力发展干旱地区的灌溉事业。良好的水利基础设施是保证棉花正常生产活动的基础，有利于提高我国棉花的产量和质量，促进我国棉花的国际竞争力水平。此外，病虫害对我国棉花产量和质量的影响也不容小视。黄河流域和长江流域棉区的病虫害较为严重，西北内陆相对较轻。对病虫害的治理可以加大技术投入，培育高抗病的棉花品种，改善棉花的生产种植条件，提高棉花的单产，从而进一步提高棉花的总产量。因此，应当在增强棉花病虫害防治能力上增加财政投入，在不对环境产生破坏性影响的前提下科学用药，最大限度地减少棉花的病虫害损失，从质量和产量上提高我国棉花的国际竞争力。

（三）利用“黄箱”政策，实施直接补贴

“黄箱”补贴对提高农业竞争力有直接的作用，今后三到五年，要调整原先棉花补贴方向，实施对农民和农业生产的直接补贴，对良种、化肥等农业生产资料实行优惠政策，给予一定的补贴。近期要积极争取财政支持，尽快实施棉花品种补贴，在较短的时间内改变品种多、乱、杂的局面。《种子法》颁布以来，放开了棉种经营，各种经营实体进入棉种销售市场，棉农拥有经营自主权，自主选择品种，通过政府行政命令的方式限制农民种植某些品种已不现实，短期内可以通过引导的方式减少棉花品种。对棉花主栽品种实施一定的补贴，直接对生产环节和农民给予补贴，不仅符合 WTO 规则“黄箱”政策，而且能有效地解决棉花品种多、乱、杂的问题。通过补贴，可以在一个适当的生态区或地区内只种一两个品种，这不仅有利于种子的保纯，而且有利于延长现有棉花品种的使用年限，同时还有利于充分发挥各生态区特色和优质棉品种的优势，控制皮棉质量的一致性，更好地满足纺织部门需要。

（四）尽快建立棉花生产安全保障体系

第一，建立棉花发展风险基金，做到以丰补歉。风险基金是调控和干预农产

品市场的基础。各地因实施储备调节和保护制度所产生的亏损可以由风险基金支付，产生的盈余纳入风险基金管理。新疆是我国最大的产棉区，至今尚未建立起棉花风险基金。今后随着市场风险的加大，必须尽早加以建立，切实保护农民利益。

第二，建立健全棉花保险体系。目前，农业保险是一种纯粹的商业行为，没有纳入国家的政策支持体系。由于农业保险商业化的特性，棉农往往得不到损失的全部赔偿，农业保险对农业自然灾害没能起到稳定发展的实际作用。为保护棉农利益国家财政可对从事农业保险的机构提供保费补贴，棉农按当年植棉面积支付部分棉花保险费，其余由财政向保险机构支付，这样棉农投保费用降低，一旦遇到自然灾害又可获得较高的赔付率，从而保证了棉农的基本收益（保费投保比例和赔付率的确定尚需进一步调研）。

第三，建立棉花进口监测与损害预警系统，实行快速反应机制。积极利用WTO反倾销、反补贴和保障措施机制，以及制定自己的棉花技术标准，加强棉花的进口管理，减轻国际棉花的冲击。

第四，加强棉花风险管理。棉花风险管理措施包括运用信息技术，利用风险市场保险和期货。解决由规避信息非对称带来的逆向选择、道德风险、博弈或激励机制设计、期货预期价格发现和期货期权定价等。必须重视灾前积极防范，树立防范重于控制和补救的意识，同时，灾后认真及时处理也是不可忽视的。对棉花风险的预防。主要由风险判断、风险预测及风险损失控制三个环节组成。棉花风险非常复杂，因此，在判断棉花风险损失发生概率时，有必要主动放弃或拒绝实施可能遭受风险损失的开发项目，用科学的态度对棉花风险进行分类识别。同时要具备敏锐的判断能力和科学的分析能力，及时发现未来存在的风险信号，并制定预防措施。采用科学态度对待风险，及时预测，准确预报，并做好防范准备，做到有备无患。对棉花风险的处理。由于棉农对风险认识能力十分有限，认识水平和程度不足，许多风险仍将不可避免地发生，因此，及时、有效地使受损人员获得合理的经济赔偿，是棉花风险管理的核心部分。转嫁风险指涉棉企业或个人运用合理市场规则有意识地将损失或与损失有关的经济后果及时有效地转移给其他单位和个人承担的方式。转嫁风险是风险处理的主要手段之一。一是转移可能引起风险或损失的财产或实物。二是将风险损失的有关财务后果转嫁出去，其中保险和非保险转嫁是主要形式。研究国际棉花竞争规则，科学制定棉花贸易政策，提升棉花产业竞争力贸易政策直接影响棉花的进出口，对国内棉花产业发展意义重大。美国的棉花出口补贴补贴，不但一度保护了其国内棉花生产和销售者的利益，稳固了其世界第一棉花出口国的地位，而且扩大了本国棉花生产。但是，该政策压低了世界棉花价格，制约补贴能力弱的国家棉花产业的发展，严重影响了不发达地区棉农的收入，违反了世贸组织框架协议，所以必然会被取消。在开放经济条件下，我国实行的棉花配额政策和滑准税是一把“双刃剑”，在抑制进口保护国内棉花产业的同时，可能会对我国棉纺织业产生负面影响，也会降低棉花产业升级所必要的国内市场压力，纵容低效率的经营方式。因此，在制定棉花贸易政策时，必须兼顾棉业和棉纺业的发展，把握好中国棉花产业国际竞争力形成机理研究应对棉业国际竞争的贸易政策弹性。

（五）加强法律和市场服务体系建设，维护棉花市场经营秩序

目前，我国从棉种、籽棉到皮棉市场仍然存在大量的无序行为，极大地损害了市场价格机制的资源配置作用的发挥。建议针对目前棉花产业各个环节的经营状况，进一步完善法律秩序，严厉打击非法经营行为加强对棉花市场综合治理，做到“管而不死、放而不乱”。进一步加大对《棉花质量监督管理条例》的宣传和贯彻，增强各部门法制观念。对扰乱棉花市场秩序的棉花企业和个体经营者，要坚决取缔，严厉打击掺杂使假、以次充好、混等混级、质量与标识不符、坑害农民等违法行为。同时，积极推广公证检验制度。棉花公证检验工作的运行为建立一个规范、健康、有序的市场发挥了积极作用。

（六）建立符合 WTO 贸易规则的国家储备棉新机制

棉花既是关系国计民生的战略物资，又是极易受到国际市场价格波动影响的大宗农产品。近年来，国际市场棉花价格一直处于波动徘徊之中，而我国加入 WTO 后，棉花生产又必然面临来自国际棉花市场的严峻挑战。为了确保棉花产业的健康持续发展，积极应对国际棉花市场的挑战，建议国家建立符合 WTO 贸易规则的储备棉新机制，加大我国最大产棉区——新疆棉花的储备力度，在新疆建设 75 万～100 万吨棉花储备库，以调剂棉花市场供求，抑制棉花价格反常波动，从而保护棉农的生产积极性，提高棉农收入水平。

四、提高棉农专业技术及管理水平，降低生产成本

棉花种植效益的高低是影响棉花生产的关键。我国棉花要参与国际竞争，就必须在提高棉花种植效益上狠下功夫。提高棉花种植效益的途径很多，关键靠科

技，一些可以考虑的措施有；通过组织棉花的集中连片种植，扩大棉花种植规模，提高规模效益通过推广普及各项棉花种植技术，增加产量、改善质量、降低成本，提高棉花种植本身的效益在有条件的地区，推广棉田立体种植技术，提高综合效益搞好棉花副产品的综合利用，实现加工增值。

科学的种植方式和优良的棉花品种有助于降低棉农的生产成本。在波特的六要素中，生产要素的人力资源要素在国际竞争力的评价上具有十分重要的地位。我国应当从两个方面进行人才培养。一方面，我国应当培育高端科技研究人才，为我国培育高产、高质量、高品质、高抗灾等棉花品种，调配国内育种资源，加强优质棉花的棉花选育，从根源上提高我国棉花的品质，促进我国整体棉花产业的发展。另一方面我国应当对棉农提供技术支持和指导，对棉农进行专业化的棉花种植技术和经营管理技术的普及，提高棉农的种植技术和管理能力，提高生产效率和生产质量，降低棉花的生产成本。

据国际棉花咨询委员会调查结果，我国棉花生产和初加工成本较低，但是在棉花生产主要物质费用中，棉花种子成本偏高，说明我国棉花生产成本存在的比较优势主要是劳动力资源优势和低工资成本，化学品成本仍然较高，棉花产业微观主体经营管理水平低。另外，我国棉花加工技术水平十分落后，虽然成本较低，但是通常是以降低质量为代价换得的。

因此，在今后的棉花生产中，要注重通过生物技术进步取得收益，替代通过土地使用取得效益要在劳动日工价迅速上升的过程中，开发和利用适用的机械技术，以较低的机械作业成本替代劳动。另外，必须进行棉花加工技术更新，减少棉花加工过程中的质量损失。

五、深化棉花流通体制改革，推进棉花产业化经营

（一）提高信息服务质量

第一，在科学、可行的基础上建设好信息源，有一个获取、研究、开发信息的可靠途径，才能保护信息的准确。第二，建立公正、权威的信息发布机构，应以统计部门为主，吸收各有关单位参加，甚至可以委托给第三方机构，这样才能为大多数人的利益服务，防止出现因部门利益干扰而使信息失真。第三，建立信息报送制度，所有与棉花产业有关的单位，包括农业、供销、纺织、质量技术监督、纺织企业、棉花流通企业、棉农合作组织以及个人，都有义务向权威的信息发布机构如实报送相关信息。第四，加强信息数据的研究分析，提高预测结果的

科学性、准确性，逐步向形成具有威性的“棉花市场景气指数”努力。

（二）加强棉花流通网络建设

以现代经营方式改造传统的棉花购销供应方式，是棉花流通体制和经营体制改革的重要内容。过去那种在棉花供应紧张时，销区用棉企业纷纷涌入产区竞相争购棉花，在棉花市场疲软时，产区经营企业又派出大量人员，采取各种措施到销区竞相压价推销棉花的做法，已不适应市场经济发展的要求，不仅不利于棉花产业的稳定发展，有效保证用棉企业的需要，而且造成棉花经营企业和纺织用棉企业费用、成本加大，经济效益降低。因此，必须加强、完善棉花流通服务网络建设，以现代经营方式促进棉花传统购销、供应方式的转变。要实现这个转变，基本的途径和方式有以下五种：

第一，产权连接方式。即棉花经营企业与区内外大中型纺织用棉企业之间通过参股，建立以产权为纽带的利益共同体，从而形成稳定的棉花供需关系，也可由区内外纺织企业加盟产区的棉花产业集团，集团内部实行产供销一体化经营，这样就不仅能保证纺织企业所需原料的稳定供应，而且能提高集团企业的整体经济效益。

第二，改造、扩展经营网络，实行联网配送。连锁配送是现代流通领域的一种新型业态和经营方式，它能减少流通环节，降低经营费用和成本，以快捷、优质的服务更好地满足消费需要。棉花销售、供应也可以并就应当采取这种现代营销方式。目前，新疆的一些棉花经营企业已在区内外设有经营网点，如新棉集团在区内建有 7 个棉花中转站和储备库，在区外设有 7 个分公司和 12 个代销点，已初步形成了棉花销售网络。对这些经营网点进行必要的改造，并可根据需要在区内外销区扩建网点，形成合理布局。各网点和集团总部和所负责区域内的用棉企业以计算机网络及其他方式建立信息联系，总部将各品种、等级的棉花源源不断地发到各网点，各网点根据用棉企业提供的信息，将所需品种、等级、规格的棉花，按时间、数量要求及时送到用棉企业，就形成连锁配送的营销体系和营销方式。其优势和效果是不言而喻的。

第三，完善我国棉花期货交易市场。由于棉花生产、经营规模分散，现货市场不规范，难以形成合理的棉花价格，致使生产、消费的优势没能提高中国棉花在国际市场的地位和竞争力。棉花期货能根据不断变化的市场信息、充分的市场竞争形成体现未来市场供求变化的棉花价格，弥补现货市场信息传递的滞后性和不完全性。宏观调控部门可以根据棉花期货价格的变化及时调整经济政策，减少被动性，提高调控效率棉花期货市场聚集了大量的供求信息，储备部门可以利用期货信息合理安排棉花储备数量。同时，还可以利用期货市场进行储备棉花的轮换、套期保值，降低储备成本。同时，由于我国 1998 年才开始进行棉花流通体制改革，到了 2001 年棉花市场虽然完全放开，但是很少有中国企业参与国际期货。因此发展和完善我国棉花期货市场，并逐步参与棉花国际期货市场，是处理棉花经营风险、促进棉花价格合理化的重要手段。例如，要充分发挥我国新疆棉花交易市场功能。新疆棉花交易市场已于几年前建成并投入使用，是目前国内现代化程度较高、功能齐全的棉花现货交易市场，其拥有 140 个会员席位，并已成为全国棉花交易市场的新疆分市场，实现了与全国棉花交易市场和主产棉省、主销区联网，可进行异地同步交易。以会员制方式入市交易，是一种先进的现代交易方式，它能及时了解掌握市场信息，节省费用，实现买卖双方的大额购销。就各大中型棉花经营企业和用棉企业来说，目前不失为一种最佳的交易方式。因此，新疆大中型棉花经营企业和国内外其他大中型用棉企业应积极加入新疆棉花交易市场成为会员，充分利用这种现代交易方式做好棉花经营业务或满足企业用棉需要；国家则应通过几大区域性棉花交易市场的建设，规范棉花交易行为，引导企业入市交易；政府计划、财政和铁路运输等部门应在资金、税收、棉花运输等方面对交易市场予以支持；棉花交易市场也应继续采取各种优惠措施吸引企业入市交易。这样几管齐下，把新疆棉花交易市场应有的功能和作用发挥出来，为我国棉花产业发展服务。

第四，积极发展电子商务，实现网上交易。电子商务是利用电子信息网络等现代科技手段，通过计算机网络进行物料采购、产品销售、物流配送、资金结算和客户服务一种商务活动。它可以跨越时空、交通、信息等障碍，在国内外任何地方都能通过计算机进行交易，从而大大减少中间环节，缩短交易时间，节约各种费用，降低经营成本，提高经济效益，因此简便快捷、省时省力省资，是目前商流领域最先进的一种交易方式，代表着未来贸易的发展方向。据有关资料显示，电子商务经营模式比传统的商业经营模式节约的资金是业务经营总额的 5% ~7%，国际贸易可达到 15%。目前，我国电子信息和计算机网络技术迅速发展，已经具备了开展电子商务的硬软件条件。2002 年年底以来，全国棉花交易市场已经推出了商品棉电子撮合交易，实际上就是电子商务的一种雏形。我国棉花经营企业和其他各用棉企业应该跟上时代前进的步伐，充分利用计算机信息网络技术和手段，建立棉花电子商务平台，或利用其他一些专业的电子商务平台，积极发展棉花的电子商务、网上交易，促进棉花流通交易方式向网络化、现代化转变。

（三）积极推动我国棉花产业化发展

棉花产业化经营重点是抓好两类龙头企业的建立：

第一，棉花经营性龙头企业。以有实力、市场开拓能力强的大中型优势企业为龙头，通过市场整合、资产多元化改组，建立跨行业、跨地区、跨所有制的能参与国际市场竞争的棉花产业化经营的企业集团，改变目前棉花经营过度分散，各地各企业“散兵游勇”的现状。同时，建立和完善棉花交易市场，拓展国内国际销售渠道。

第二，棉花生产性龙头企业。以“棉花生产基地＋棉花加工厂”为核心，通过“企业＋农户”的有效连接形式，促进土地流转制的建立，扩大棉花生产规模，提高劳动生产率和规模效益。同时，通过资产的有机整合，形成各具特色的棉花生产企业集团。

棉花产业化经营关键是完善利益连接机制，保护农民的利益，调动农民的种棉积极性。完善利益连接机制，可通过以下几种途径和载体：

第一，发展“订单农业”。即龙头企业在棉花种植前就与农民鉴订订购合同，确定种植面积、交售数量、收购价格和质量要求；在棉花上市时，龙头企业要保证按合同约定的数量和价格收购农民的棉花。由于棉花市场行情难以预测，“订单”价格可由双方商定一个浮动幅度，确定最低保护价并作出承诺，在棉花卖出好价钱的情况下，按一定比例对农民进行二次结算，实行利润返还。这样，就可以使棉农在棉花市场形势不好时，也能有一个比较稳定、合理的收益；而在市场价格上涨时，不但能获得生产环节的收益，还能获得销售环节的利益，增加其收入。同时，还能增强农民对龙头企业的信任度和信赖感，有利于提高其签约的积极性和履约率。

第二，大力组织农民兴办棉花专业合作社。棉花专业合作社是在棉花生产、加工环节，按照自愿、民主、平等、互利的合作制原则，组织棉农自愿入股参加，实行自我服务、民主管理、自主经营、自负盈亏的合作经济组织。各地的棉麻企业和棉花产业龙头企业，可以所属的棉花加工厂、收购站为依托，积极吸收棉农特别是植棉大户投资入股，兴办棉花生产、加工合作社，组织农民社员搞好棉花生产，为他们提供全方位的服务，把农民社员生产的棉花集中收购起来，以较好的价格销售出去，经营收入根据章程规定，在利益均享、风险共担的原则下，按股金和实物交易量向社员分红，成为紧密性的经济利益共同体。龙头企业则要通过合同订单或以资本为纽带，与棉花合作社的经营和利益连接，以合理的价格收购合作社的棉花，掌握棉花资源，并在效益好的情况下向合作社返还超额利润，实行二次结算，从而形成“龙头企业＋棉花合作社＋农户”的经营格局。

第三，积极组织棉农建立棉花专业协会。棉花专业协会是棉农自愿入会参加组建的为会员提供综合服务的非营利性社团组织。其主要职能是为棉农会员产前、产中、产后提供信息、技术、培训和产品销售等系统化服务。尤其是在产品销售服务上，专业协会要为棉农会员牵线搭桥、寻找销路，或接受会员委托，为他们统一代销棉花和棉副产品，争取卖一个好价钱。龙头企业要与棉花生产和棉农对接，可以积极组织棉农兴办棉花专业协会，通过协会的服务功能，集中收购棉农的棉花，形成“龙头企业＋专业协会＋棉农”的经营模式，带动和促进棉花生产发展，使棉农得利受益。

（四）加强产业链管理，加强产业组织协作

从棉种、棉花生产到棉花加工形成的产业纵向发展，不仅反映了市场经济体制的客观要求，而且是棉花质量的最终形成，以及产业链各个环节技术实施的有效性的前提。棉花质量在产业链上任何一个环节存在的问题，都将成为影响棉花质量的直接原因，不消除产业链上的所有质量隐患，最终必然降低棉花质量，影响棉花竞争力的提高。技术因素渗透在棉花产业链的每一个环节，真正通过技术改善棉花质量，降低棉花成本，提升棉花国际竞争力，必须加强整条产业链所有环节上的技术管理。

棉花质量链和技术链管理势在必行，但是，由于体制、机制以及其他方面的原因，目前我国棉花产业在产业链管理方面存在着许多不足之处：技术创新主体与棉种市场主体不对称，棉花产业链各环节利益主体产权不明晰，科研育种、棉种生产、经营之间利益联结机制不完善，尚未形成基于现代企业制度的能带动整条产业链共同发展的棉花龙头企业，科研投入少且分散，技术创新缺乏动力等。

我国可以借鉴澳大利亚等国的成功经验，制定与市场经济相适应的棉花产业链政策，完善产业组织协作方式，加强棉花产业链纵向的协调，摸索建立承担棉花产业链纵向管理和服务机构，有效地协调棉花产业链上各类经营主体的行为，保证棉花质量的稳步提高，彻底改变质量较差的产品形象。

六、加强质量管理，培育优质棉花

我国棉花长久以来存在较为突出的质量问题，棉花的长度和强度无法满足国

内外纺织厂的需要。据前面分析，造成我国棉花质量低的原因比较复杂，既有自然原因又有人为原因。首先，我国棉花缺少高品质的品种；其次，由于中国棉花机采的比例较少，主要以手工采摘为主，加之棉农在思想上不太重视“三丝”对棉花质量的影响，从而导致我国棉花中“三丝”现象比较普遍。还有受到利益驱使，一些不法企业在棉花加工时掺入精梳落棉、水洗棉等严重影响了我国棉花的质量，皮棉中掺杂掺假行为时有发生。为此，一方面应当调配国内育种资源，加强优质棉花的棉花选育，从根源上提高我国棉花的品质；另一方面制定棉花生产标准，加快棉花生产的机械化进程，发展机械采摘棉花，减少“三丝”现象的发生。同时健全棉花质检标准，加强棉花质量监督管理，使其流通更加规范化，从而提高我国棉花的国际竞争力。

从国外的经验看，美国、澳大利亚、乌兹别克斯坦等棉花出口大国都非常重视棉花的质量管理和品牌管理。与这些国家相比，目前我国棉花质量存在许多问题，棉花纤维品质不能满足后续的纺织工业需求，在栽培过程中，僵烂花和霜后花比重很大，籽棉加工方式对棉花质量影响较大，三丝、统花、湿棉和掺假问题都严重影响了我国棉花质量。其成因不仅包括市场机制和质量管理等制度性根源，而且包括育种、栽培、加工、营销等技术性根源。

对棉花质量的管理，一方面要通过市场竞争机制，促进和激励企业及棉花经营者发挥主观能动性，加强内部质量管理；另一方面，政府部门和行业组织要加强市场和棉花质量的监管，提高行业自律性，创造一个良好的行业环境。

在棉花收购环节，要根据质量状况对籽棉进行分级，按质论价，鼓励优质棉花生产。在皮棉销售环节，不仅要严格执行棉花等级标准检验，还要加强包装标识管理。要逐步推行棉花分级包装上市。对包装上市的棉花，要标明产地和生产单位，建立棉花质量安全追索制度，也便于购买者选择和监督。

政府部门和棉花行业组织应努力加强棉花产业链质量宏观监管和信息服务，棉花质量检验制度是棉花质量的重要保障，建立科学的棉花检验标准，不仅是皮棉标准，还要逐步建立和完善籽棉的质量标准。深化棉花质量检验体制改革，转变政府检验机构职能，加大投入，建立建设符合市场经济要求的免费公证检验服务体系，配备高素质的质检人员与先进的仪器设备形成强大的质检网络。

七、实施棉花品牌营销，提高棉花市场营销能力

国际竞争优势的形成，不仅取决于棉花产业的实力，也取决于竞争行为能

力，这是竞争实力转化为现实的竞争优势的必要条件。竞争行为能力不仅包括竞争者的营销能力，还包括生产经营能力。

营销专家 Larry Light 曾经说过："未来营销是品牌的战争——品牌互争短长的战争。商界和投资者将认清品牌才是公司最宝贵的资产。拥有市场比拥有工厂重要得多，唯一拥有市场的途径就是拥有市场优势的品牌"。对我国棉花经营而言，品牌建设尤为重要。今后，我国棉花营销应注重品牌建设，不断开拓国际市场和强化营销水平，以提升棉花产业的国际竞争力。

我国棉花产业国际竞争力低的一个重要原因就在于涉棉企业和其他棉花经营者的生产与经营管理能力低，即使我国棉花拥有很多传统意义上的比较优势，也无法转化为现实的竞争优势。因此需要从提高企业经营管理能力入手，实施科学的生产和经营管理策略。培育企业国际化战略管理能力，企业的高层和战略研究人员应放眼世界，潜心研究国际战略环境和战略资源，提高企业管理水平和运行效率，引进先进的管理中国棉花产业国际竞争力形成机理研究理念、方法和手段，建立科学管理体系，创新管理模式，形成拥有自身特色的高效的棉花企业经营方式。

具体来说：

（一）注重棉花品牌形象

品牌是促销农产品的武器，是控制农产品市场的手段，有助于形成消费者的偏好。我国棉花要提高国际市场的竞争力，保持持续稳定快速发展，就必须注重品牌经营，力争创出知名的棉花品牌。这就要求注重棉花品牌形象的塑造。具体地说，就是要有一个好的棉花品牌名称和醒目易识的棉花品牌标志，要做到这一点，就应该体现在这几个方面：与棉花产品特性相符，具有棉花产品联想功能；具有独特性，能清楚传达棉花产品，易读醒目易记，给消费者以深刻印象。

（二）积极开拓国际棉花市场

在巩固提高日本、中国香港、东南亚等传统棉花销售市场的基础上，积极扩大欧盟、北美市场。具体说就是：掌握国际棉花市场信息，细分和认定棉花出口市场，实施棉花国际营销的目标市场策略；建立以出口为目标的棉花生产基地，稳定生产优质高档次的与国际棉花市场对路的新、优品种棉花，并进一步提高棉花质量，从而以优质带来高效，确保棉花在国际棉花市场上畅通无阻；建立符合国际标准的棉花国际市场营销质量检测评估体系，使出口的棉花符合国际市场的需求，取得国际棉花市场的“准入证”；加大棉花的国际市场营销的宣传力度，采用各种方式开展国际棉花市场的促销活动。

（三）强化棉花国际市场营销水平

第一，搭信息化快车，推行电子商务，走网络营销之路，提高棉花营销渠道的效率，实行“棉花销售渠道畅通工程”。第二，优化棉花的国际市场销售渠道，因地制宜、因时制宜和因事制宜地选择密集性分销、选择性分销和专营性分销的渠道策略。第三，培养和引进专业化的棉花出口营销人才，挖掘、培养和造就既具有棉花专业知识和现代营销知识，又懂得国际贸易规则和外语的专业化棉花出口营销人才。第四，营造综合性的棉花出口网络，直接参与世界棉花生产、营销和棉花产品分配，以获得大量的中间利润，提高我国棉花出口的经济。

（四）加快普及棉花期货交易知识

积极推动建立包括棉农在内的棉花期货组织体系，打通期货交易所、期货代理公司、农村民间组织和棉农之间的交易通道，构建起棉花期货交易的基本架构。首先，应仿照中央开办领导干部金融知识培训班的做法，分层次、分批次地组织各级干部参加棉花期货知识培训，从管理层面消除对期货交易的无知和误解。其次，要组织棉农免费参加棉花期货知识培训。最后，通过补贴佣金鼓励棉农参与期货的套期保值、通过税收优惠的政策，鼓励期货公司在农村开设分支机构或采取计算机远程交易系统从而开拓农村期货市场。

另外，要推进资源整合，规范棉花现货市场。例如，充分利用我国新疆现有期货公司的期货交易知识和兵团、地方两家棉麻公司所拥有的棉花交割仓库，整合流通渠道，规范现货交易，为期货交易创造条件。期货交易离不开现货交易，期货的价格也受制于现货的价格，因此，整合现有资源，消除不必要的竞争从而规范棉花现货市场，会为棉花期货交易奠定物质基础。

八、发展农村教育事业，提高棉农素质

目前，在棉花市场中，棉农作为交易主体的一方存在严重的不足，成为我国棉花市场发展的一个“短板”，也是棉花经济发展和棉花国际竞争力提高的一个“瓶颈”。主要体现在三个方面：文化水平低、市场意识差、合作程度低。棉农

受教育水平很低，影响了棉花生产技术的提高市场意识和能力差和合作程度低，使棉农在市场交易中处于明显的劣势，这导致了市场价格机制难以真正发挥作用。因此，依靠科技和教育提高棉农素质是开发农村智力、增强棉花国际竞争力的重要途径。

第一，要动员全社会关心和支持农村教育事业发展，提高农民的文化科技素质。首先要充分利用有限的教育资源，保证农民学有其所、学其所需、学有所用。不仅要增强政府办学力量，还必须动员和鼓励社区、企业、私人等其他社会力量共同关心和支持农村教育事业。不仅要加强文化基础教育，而且要大力普及农村职业教育和成人教育，加快农村科技知识的普及。教育政策应该从不同地区的实际出发，允许各地自主创新，采取半日制、半工半读、函授、广播、网络等多种方式办学，形成良好的柔性育人环境。不仅要为城市培养人才，而且要更多全面培养适合农村、热爱农村、建设现代化农村的高中初各级优秀人才。通过体制改革和制度创新，构建起由基础教育、职业技术教育、成人继续教育和科技知识培训教育、道德素质教育、健康教育等组成的完整农村教育体系。

第二，加大教育投入，普及高中义务教育。棉农素质较低的一个重要表现是高中学历的人力资源比重过低。要提高棉农的文化程度，需要各级政府尽快出台相关的政策、法规和改革措施，切实加大教育投入，努力改善办学条件，在确保各个地区实施九年制义务教育所需各项经费。在确保贫困地区有钱办学和所有适龄儿童能够上学的同时，必须将义务教育逐步由九年制过渡到十二年制、由目前的中小学延伸到高中阶段，以保证更多的农村学生能接受更好的文化教育。

第三，加强职业教育，提高棉农的专业技术。从棉农的科技文化素质的现状特征来看，当务之急是要结合目前我国各棉区棉花产业发展特点，有重点、有目的、有步骤地培养大批懂科技、善经营，能从事专业化棉花生产和产业化经营的知识型棉农。要重点抓好棉农的文化教育和科技教育工作，创新棉农科技教育培训体系。由传统的推广示范培训模式向实用技术系统学习转变，由单纯学历教育培训向教育与职业培训相结合转变，充分发挥职业技术学院、农业广播电视学校等教育资源，培训大批初、中、高级棉花技术人员。

九、积极参与贸易组织规则制定，加快自贸区建设

我国加入 WTO 较晚，没有参与前期世贸规则的制定。国际上许多发达国家对棉花进行高强度的补贴，极大地损害了包括我国在内的发展中国家棉农的切实

利益，严重削弱了我国棉花在国际上的竞争力。因此，应当积极参与制定世贸组织规则，争取对包括我国在内的发展中国家有力的规则政策，打击发达国家的高额棉花补贴政策，把发达国家的棉花补贴政策对我国棉花贸易可能造成的不利影响尽量缩小到最小的程度。在国际谈判中，要团结其他的发展中国家，争取扩大在国际市场上的发言权，联合起来反对发达国家的农业补贴对别国同类产业造成的破坏。此外，自由贸易区的建立也对我国棉花进出口贸易起到推动作用，因此我国应当加快自由贸易区的建设步伐，加快 RCEP①、TTP②，或者其他区域安排各自贸区的谈判进程，促进自由贸易区内棉花的进出口贸易，从而提高我国棉花在国际市场上的竞争力。

① RCEP 即区域全面经济伙伴关系（Regional Com-prehensive Economic Partnership，RCEP），是由东盟十国发起，邀请中国、日本、韩国、澳大利亚、新西兰、印度共同参加（“10＋6”），通过削减关税及非关税壁垒，建立 16 国统一市场的自由贸易协定。若 RCEP 谈成，将涵盖约 35 亿人口，GDP 总和将达 23 万亿美元，占全球总量的 1/3，所涵盖区域也将成为世界最大的自贸区。

② TTP 即泛太平洋战略经济伙伴关系协定（TPP，Trans-Pacific Partnership），是由新加坡、新西兰、文莱、智利等四国于 2006 年发起的环太平洋国家的经济伙伴关系协定（EPA），而后经过多年加入其他国家和地区演变而成。

参考文献

1. Jean Tirole. The theory of industrial organization [M]. The MTT Press, Cambridge, Massachusetts London, England, Fourth printing, 1990.

2. Porter, Michael E, 1990. The Competitive Advantage of Nations [M]. New York: The free press. Stiglitz. A new view of technological change [J]. Economic journal, 1969, Vol79, p573 -578.

3. Paul Krugman. A model of innovation, technology transfer, and the world distribution of income [J]. Journal of political economy, 1979, Vol187, No. 2.

4. BERGSTRAND JH. The Gravity Equation in International Trade: Some Microeconomic Foundations and Empirical Evidence [J]. Review of Economics and Statistics, 1985 (67): 89 -102.

5. Carrère Céline. Revisiting the effect of regional trade agreements on trade flows with proper specification of the gravity model [J]. European economic review, 2006 (5): 223 -247.

6. Egger P, Alternative Techniques for Estimation of Cross-Section Gravity Models [J]. Review of International Economics, 2005 (13): 881 -892.

7. Hutchinson, William K. "Linguistic Distance" as a Determinant of Bilateral Trade [J]. Southern Economic Journal, 2005 (1): 1 -15.

8. Moghaddam M, Ratha A. Turkey's trade potential and the EU's membership: evidence from a panel estimation of the gravity model [J]. Journal of International Business & Economics, 2011 (3): 128 -133.

9. Nuroglu E, Dreca N. Analyzing Bilateral Trade Flows of Bosnia and Herzegovina under the Framework of Gravity Model [J]. Journal of Business & Economics, 2011 (1): 30 -50.

10. Anderson markets. Changing comparative advantages in China effects on food,

feed and fiber. Paris: OECD.

11. PERSPECTVE ON THE OUTLOOK FOR COTTON. USAAgricultural Outlook Forum, 2003.

12. Cheng Fang. Estimating Crop-specific production growth and sources in China [J]. selected paper, AAEA Annual Meeting, July 28 – 31, 2002.

13. Christian. Fischer & Sebastian Manage: economic development in food industry.

14. competitiveness and deindustrialization [J]. Asia Pacific Business Review, 2007, 6 (1): 1 – 12.

15. Dunning, JH. Internationalizing Porter'5 diamond, Management International Review. Special Issure, 1993 (2): 8 – 15.

16. Ernesto Tavoletti and Robbin te Velde. Cutting Porter's Last Diamond: Competitive and Comparative (Dis) advantages in the Dutch Flower Cluster [J]. Transition Studies Review, 2008 (2): 303 – 319.

17. Gail L. Gamer. The art of continuous change: linking complexity theory and time-paced evolution in relentlessly shifting organizations [J]. Administrative Science Quarterly, 1997 (42): 1 – 34.

18. Hack M D, Groot NSP de (ed), Kleijn EH M de, et al. The Competitiveness Monitor applied on the cut flower industry [J]. Acta Horticulture, 2000, 52 (4): 169 – 176.

19. International Management Development (IMD) . The World Competitiveness Yearbook, 1996.

20. Marianne Matthee. Challenges for the floriculture industry in a developing country: a South African Perspective [J]. Development Southern Africa, 2003, 7 (2): 511 – 528.

21. Marvin Hayenga, Mary Jane Novena-Reese. Global Competitiveness of the U. S. Pork Sector [J]. Department of Economics Lowe State University, 1998, (9): 134 – 139.

22. Rugman, Aln M. & D. Cruz, Joseph R. The Double Diamond Model of international competitiveness: the Canadian experience [J]. Management International Riview, 1993 (33): 32.

23. World Economic Forum (WEF) . The Global Competitiveness Report,

1996, 1997.

24. Michael E Porter, Clusters and the new economics of competition, Harvard Business Review, 1998 (6) .

25. Michael E Porter, The competitive advantage of nations [M]. NY: the Free Press, 1990.

26. Cheng Fang and John Beghin. Food Self-Sufficiency, Comparative Advantage, and Agricultural Trade: A Policy Analysis Matrix for Chinese Agriculture [J]. August 1999, CARD working paper 99 – WP 223.

27. Westcott, P. C. and J. M. Price. Analysis of the U. S. commodity loan program with marketing loan provisions. D. C. : USDA, Economic Research Service [D]. Agricultural Economic Report Number 801, 2001.

28. Vollrath, T. L. , A Theoretical Evaluation of Alternative Trade Intensity Measures of Revealed Comparative Advantage [J]. Weltwirtschaftliches Archiv, 1991 (130): 265 – 279.

29. BEADRY C, SWANN P. Growth in industrial cluster: a bird's eye view of the United Kingdom [M]. SIEPR Discussion Paper, 2001, No. 10 – 38.

30. BLLIANA C, 1993. Sustainable development and integrate coastal management [J]. Ocean & coastal management, 1993, 21 (1 – 3): 11 – 43.

31. BRADSHAW A D, CHADWICK M J The restoration of land: the ecology and reclamation of derelict and degraded land [M]. Oakland: University of California Press, 2004.

32. BROWN T E, 2001. An operationalization of stevenson's conceptualization of entrepreneurship, as opportunity-based firm behavior [J]. Strategic management journal, 2001, 22 (10): 953 – 968.

33. Bruckmeier K, LARSEN C H, 2008. Swedish coastal fisheries—from conflict mitigation to participatory management. Marine policy, 32 (2): 201 – 211.

34. CAIRNS J, 1980. The recovery process in damaged ecosystems [M]. Ann Arbor: Ann Arbor Science Publishers.

35. CHRISTY F T JR, 1969. Session summary: fisheries goals and the rights of property [J]. Transactions of the american fisheries society, 1969, 98 (2): 369 – 378.

36. COCHRANE K L, 2002. The use of scientific information in the design of management strategies: management measures and their application [A]. Fisheries

technical paper [C]. Rome: FAO Fisheries Department, 2002.

37. COLGAN C S, ADKINS J, 2006. Hurricane damage to the ocean economy in the U. S. Gulf region in 2005 [J]. Monthly labor review, 2006 (8): 76 –78.

38. COLGAN C S, 2007. Measurement of the ocean and coastal economy: theory and methods [M]. Monterey: National Ocean Economies Program, 2007.

39. DOUVERE F, MAES F, VANHULLE A, SCHRIJVERS J, 2007. The role of marine spatial planning in sea use management: the Belgian case [J]. Marine policy, 2007, 31 (2): 182 –191.

40. FARRELL M, 2004. Regional integration and cohesion-lessons from Spaniard Ireland in the EU [J]. Journal of Asian economics, 2004, 14 (6): 927 –946.

41. Gezelius S S, 2008. Making fisheries management work [J]. Springer Netherlands, 2008, 8 (R –3): 77 –104.

42. Hall C M, 2001. Trends in ocean and coastal tourism: the end of the last frontier [J]. Ocean & coastal management, 2001, 44 (9 –10): 601 –618.

43. HAWKINS D E, 2004. A protected areas ecotourism competitive cluster approach to catalysis biodiversity conservation and economic growth in Bulgaria [J]. Journal of sustainable tourism, 2004, 12 (3): 219 –244.

44. HENTRICH S, SALOMON M. Flexible management of fishing rights and a sustainable fisheries industry in Europe [J]. Marine policy, 2001, 30 (6): 712 –720.

45. JIN D, HOAGLAND P, DALTON T M, 2003. Linking economics and ecological models for marine ecosystem [J]. Ecological economics, 2003, 46 (3): 367 –385.

46. KUMARI A K 2007, An introduction to marine pollution [R]. Bengaluru: GMR Infrastructure Ltd, EPC Division, 2007.

47. KWAK S J, YOO S H, CHANG J I, 2005. The role of the maritime industry in the Korean national economy: an input-output analysis [J]. Marine policy, 2005, 29 (4): 371 –383.

48. Agricultural Interest Groups and the North American Free Trade Agreement [D]. NBER Working Papers #4790. Jul . 1994.

49. 谭砚文. 中国棉花生产波动研究 [M]. 中国经济出版社, 2005.

50. 崔光莲等. 新疆棉花产业发展问题研究 [M]. 新疆人民出版社, 2002.

51. 迈克尔·波特著, 陈小悦译. 国家竞争优势 [M]. 华夏出版社, 2002.

52. 迈克尔·波特著, 陈小悦译. 竞争优势 [M]. 华夏出版社, 1997.

53. 金碚．竞争力经济学 [M]. 广东经济出版社，2003.

54. 陈卫平．中国农业国际竞争力——理论、方法与实证研究 [M]. 中国人民大学出版社，2005.

55. 史忠良．产业经济学 [M]. 经济管理出版社，2005.

56. 安德森·速水等．农业保护的政治经济学（中文版）[M]. 天津人民出版社，1996.

57. 曹贯一．中国农业经济史 [M]. 中国社会科学出版社，1989.

58. 陈芬森．国际农产品贸易自由化与中国农业市场竞争策略 [M]. 中国海关出版社，2001.

59. 陈华山．当代美国农业经济研究 [M]. 武汉大学出版社，1996.

60. 程国强．加入 WTO 对中国农产品比较优势的影响 [M]. 中国农业出版社，1997.

61. 程国强．WTO 农业规则与中国农业发展 [M]. 中国经济出版社，2001 .

62. 程国强，彭廷军．中国非粮食农产品比较优势与进出口战略研究 [M]. 中国农业出版社，1999.

63. 陈武．比较优势与中国农业经济国际化 [M]. 中国人民大学出版社，1997.

64. 金哲松．国际贸易结构与流向 [M]. 中国计划出版社，2000.

65. 丁泽霁．国外农业经济 [M]. 中国人民大学出版社，1987.

66. 丁泽霁，陈宗德．改造传统农业的国际经验 [M]. 中国人民大学出版社，1992.

67. 范小建．加入 WTO 以后的中国农业政策调整 [M]. 中国农业出版社，2002.

68. 冯海发．农业总生产率研究 [M]. 天则出版社，1989.

69. 冯海发．中国农业的效率评估：理论、方法和实践 [M]. 农业出版社，1992.

70. 高旺盛．中国农业可持续发展理论与策略 [M]. 中国农业出版社，2002.

71. 高小蒙，向宁．中国农业价格政策分析 [M]. 浙江人民出版社，1992.

72. 强永昌．产业内贸易论——国际贸易最新理论 [M]. 复旦大学出版社，2002.

73. 乔娟等．中国农产品国际竞争力研究 [M]. 中国人民大学出版社，2006.

74. 盛世豪．产业竞争论［M］. 杭州出版社，1999.

75. 速水佑次郎（日），弗农·拉坦（美）著，郭熙保等译．农业发展的国际分析［M］. 中国社会科学出版社，2000.

76. 孙中才．理论农业经济学［M］. 中国人民大学出版社，1998.

77. 孙中才．世界农业发展与欧盟共同农业政策［M］. 北京：法律出版社，2003.

78. 谭向勇，王秀清．农业经济与管理［M］. 经济科学出版社，1998.

79. 谭向勇，辛贤．中国主要农产品市场分析［M］. 北京：中国农业出版社，2001.

80. 唐正平．世界农业问题研究［M］. 北京：中国农业出版社，2002.

81. 滕锡尧，常承国．中国农业产业化及现代化发展道路［M］. 中国农业出版社，1999.

82. 汪斌．国际区域产业结构分析导论［M］. 上海三联书店，上海人民出版社，2001.

83. 国风．中国农村经济结构创新分析［M］. 中国财政经济出版社，2000.

84. 国风．农村经济创新分析［M］. 山西经济出版社，2001.

85. 刘惠宇．经济全球化与中国农业发展［M］. 四川人民出版社，2002.

86. 刘力，蒙慧．WTO 与中国农业发展对策［M］. 中共中央党校出版社，2001.

87. 刘思华．可持续农业经济发展论［M］. 中国环境科学出版社，2002.

88. 刘占昌，贺耀敏．跨世纪的农业：中国农业现代化探索［M］. 中共中央党校出版社，1994.

89. 刘中一，刘尧传．中国农业结构研究［M］. 山西人民出版社，1986.

90. 罗伟雄．中国农业经济学教程［M］. 中国人民大学出版社，1995.

91. 豪克著，马雨译．农产品贸易政策原理［M］. 中国人民大学出版社，1991.

92. 何康．中国农业的改革与发展［M］. 中国展望出版社，1988.

93. 何秀荣，王秀清，李平编著．非洲农产品市场与贸易［M］. 中国财政经济出版社，2000.

94. 杨雍哲主编．论提高农产品国际竞争力［M］. 北京：中国农业出版社，2003.

95. 杨公朴，夏大慰．产业经济学教程［M］. 上海财经大学出版社，2002.

96. 杨小凯．新兴古典经济学和超边际分析［M］. 中国人民大学出版社，2000.

97. 杨雍哲．WTO 与中国农村经济结构战略性调整［M］. 中国农业出版社，2001.

98. 袁亚愚．中国农业现代化的历史回顾与展望［M］. 四川大学出版社，1996.

99. 张汉林．WTO 与农产品贸易争端［M］. 上海：上海人民出版社，2001.

100. 张汉林，王曙光．农产品贸易争端案例［M］. 北京：经济日报出版社，2003.

101. 张红宇．国民经济成长中的中国农业［M］. 新华出版社，1995.

102. 张金昌．国际竞争力评价的理论和方法［M］. 经济科学出版社，2002.

103. 张思骞，张留征．中国农业发展战略问题研究［M］. 中国社会科学出版社，1988.

104. 张昱．农产品市场竞争力［M］. 中山大学出版社，2004.

105. 郑有贵．中国传统农业向现代农业转变研究［M］. 经济科学出版社，1997.

106. 朱道华，冯海发．农村工业化问题探索［M］. 中国农业出版社，1995.

107. 朱丕荣．国际农业与中国农业对外交往［M］. 农业出版社，1997.

108. 朱泽．中国粮食安全问题：实证研究与政策选择［M］. 湖北科学技术出版社，1998.

109. 洪跋曾．高新农业应用技术［M］. 中国农业出版社，1999.

110. 华元渝，陈舒泛．农业中国［M］. 湖南人民出版社，2003.

111. 黄不凡．中国农业发展强盛趋势与评估［M］. 中国农业出版社，1999.

112. 黄季焜，胡瑞法等．中国农业科研投资：挑战与展望［M］. 中国财政经济出版社，2003.

113. 黄祖辉，蒋文华等．农业与农村发展的制度透视［M］. 中国农业出版社，2002.

114. 黄祖辉等．新型农业经营主体与政策研究［M］. 浙江大学出版社，2010.

115. 蒋和平．科技进步·结构调整·农民增收［M］. 气象出版社，2002.

116. 蒋和平．高新技术改造传统农业的思路与实践［M］. 中国农业出版社，2003.

117. 蒋瑛．中国农业技术经济学教程［M］．中国人民大学出版社，1997.

118. 江小涓．中国的外资经济——对增长、结构升级和竞争力的贡献［M］．中国人民大学出版社，2002.

119. 金碚．中国工业国际竞争力——理论、方法和实证研究［M］．经济管理出版社，1997.

120. 金碚．中国企业竞争力［M］．社会科学文献出版社，2003.

121. 康晓光，王毅．农业与发展，中国农业若干问题研究［M］．北京大学出版社，1993.

122. 兰海涛．国际农业贸易制度解读政策应用［M］．中国海关出版社，2002.

123. 李崇光，于爱芝．农产品比较优势与对外贸易整合研究［M］．中国农业出版社，2004.

124. 林毅夫．制度、技术与中国农业发展［M］．格致出版社，2008.

125. 刘福垣，周海春．市场经济理论与我国农村发展［M］．中共中央党校出版社，2001.

126. 牛若峰．农业与发展［M］．浙江人民出版社，2000.

127. 王贵宸，舆德昌．中国农村产业结构论［M］．人民出版社，1991.

128. 王立权．中国农业利用外资管理与政策研究［M］．北京农业大学出版社，1994.

129. 王永德．中国农产品国际竞争力研究——基于中美比较视角［M］．中国农业出版社，2009.

130. 温铁军．“三农”问题与制度变迁［M］．中国经济出版社，2009.

131. 吴方卫等．中国农业的增长与效率［M］．上海：上海财经大学出版社，2000.

132. 信乃诠．半个世纪的中国农业科技事业［M］．中国农业出版社，2000.

133. 熊许经勇．中国农业经济理论与实践［M］．福建人民出版社，1986.

134. 薛亮，方瑜等．农业信息化［M］．京华出版社，1998.

135. 常昕，韩若冰，胡继连．中国棉花进口现状及应对策略分析——以山东省为例［J］．世界农业，2013（9）：177－180.

136. 李勤昌，昌敏．提升中国棉花产业国际竞争力的路径选择［J］．国际贸易问题，2011（10）：34－47.

137. 朱希刚，张社梅，赵芝俊．我国棉花生产率变动分析［J］. 农业经济问题，2007（4）：9－13.

138. 刘志雄．我国棉花国内支持政策对世界棉花市场影响研究［J］. 农业经济问题，2014（8）：33－39，110－111.

139. 钟甫宁，胡雪梅．中国棉花生产区域格局及影响因素研究［J］. 农业技术经济，2008（1）：4－9.

140. 罗兴武，谭晶荣，杨兴武．中国大宗农产品进口非关税措施的效应分析——以大豆、棉花、植物油、谷物、食糖为例［J］. 农业经济问题，2014（3）：62－67.

141. 苏斌．产业化经营是新疆棉花产业发展的必然选择［J］. 新疆社会科学，2002（4）：47－49.

142. 崔光莲，张文中．政府推动型期货制度在新疆棉花产业中的应用［J］. 中国棉花，2005. 32（3）：9－11.

143. 万素梅，王立祥．发挥区域资源优势促进新疆棉花可持续发展［J］. 塔里木大学学报，2006（1）：98－101.

144. 卢锋，雷蕾．下降的比重［J］. 国际贸易，2003（11）：15－19.

145. 卢锋，梅孝峰．我国“入世”农业影响的省区分布估测［J］. 经济研究，2001（4）：67－73.

146. 陆国庆．区域品牌：农产品品牌经营的新思路［J］. 中国农村经济，2002（8）：40－49.

147. 罗余才．我国农产品贸易中的产业内贸易［J］. 农村经济，2002（9）：10－12.

148. 倪洪兴．农产品贸易自由化进程中的非贸易关注问题（上）［J］. 世界农业，2003（1）：12－14.

149. 聂荣．我国农产品贸易问题研究［J］. 农村经济，2001（4）：11－12.

150. 聂亚珍．经济全球化与农产品贸易［J］. 高等函授学报（哲学社会科学版），2002（6）：23－27.

151. 潘文卿．面对 WTO 中国农产品外贸优势及战略选择［J］. 农业经济问题，2000（10）：6－12.

152. 彭廷军，程国强．中国农产品国内资源成本的估计［J］. 中国农村观察，1999（1）：9－15.

153. 钱雪亚，张小蒂，苏海舟．产业竞争优势及其度量体系研究［J］. 统计研究，2001（6）：24－27.

154. 盛斌，廖明忠．中国的贸易流量与出口潜力：引力模型的研究［J］．世界经济，2004（2）：3－12.

155. 曹宏成．中国出口贸易流量研究——基于引力模型的实证［J］．工业技术经济，2007（1）：120－122.

156. 姜书竹，张旭昆．东盟贸易效应的引力模型［J］．数量经济技术经济研究，2003（10）：53－57.

157. 苏德贵．关于发展新疆棉花产业的认识与思考［J］．实事求是，2004（1）：57－58.

158. 汪泽宇等．关于新疆棉花产业化发展现状调查报告［J］．江西棉花，2004（1）：8－10.

159. 高志刚．加入WTO后新疆棉花生产可持续发展的探讨［J］．干旱地区农业研究，2003（4）：158－161.

160. 赵美玲，王述英．农业国际竞争力评价指标体系与评价模型研究［J］．南开经济研究，2005（6）：39－44.

161. 刘从九，张敏．安徽省棉花产业区域竞争评价指标体系［J］．安徽科技，2005（10）：31－33.

162. 刘从九．我国棉花产业国际竞争力评价指标体系的构建［J］．中国科技论坛，2004（5）：130－133.

163. 李选才等．农产品竞争力评价指标体系的构建与方法［J］．江西农业大学学报，2005（1）：72－75.

164. 田珍．地区农业竞争力评价指标体系探讨［J］．农业与技术，2002（6）：33－36.

165. 路阳明等．加入WTO与我国新疆棉区棉花生产应对措施［J］．干旱地区农业研究，2002（4）：125－128.

166. 戴俊生等．加入WTO后新疆棉花产业的机遇与优势分析［J］．新疆农业科学，2002（4）：234－237.

167. 罗英姿等．中国棉花比较优势及国家竞争力的实证分析［J］．中国农村经济，2002（11）：18－24.

168. 刘晓松等．我国棉花产业竞争力综合分析［J］．安徽农学通报，2002（6）：3－5.

169. 刘迪生，庞新．构建现代棉花市场体系的思路与建议［J］．宏观经济管理，2006 (12)：35 – 38.

170. 陈雯．中国—东盟自由贸易区的贸易效应研究——基于引力模型“单国模式”的实证分析［J］. 国际贸易问题，2009 (1)：61 – 66.

171. 李辉．新疆棉花提升国际竞争力的对策［J］. 新疆农垦经济，2006 (4)：8 – 12.

172. 张辰利．中国棉花价格指数波动特征分析［J］. 农业技术经济，2013 (9)：42 – 51.

173. 王娟，孔玉生，侯青．中国对东盟投资与贸易的引力模型分析［J］. 经济问题，2013 (2)：114 – 118.

174. 田晖，蒋辰春．国家文化距离对中国对外贸易的影响——基于 31 个国家和地区贸易数据的引力模型分析［J］. 国际贸易问题，2012 (3)：45 – 52.

175. 王济民，刘春芳，申秋红，梁辛．我国农业科技推广体系主要模式评价［J］. 农业经济问题，2009 (2)：48 – 53，111.

176. 石明权，陈宏．目前农业科技成果转化中存在的问题及其解决的对策［J］. 农业科技管理，2009 (2)：84 – 85.

177. 谭华，刘学文．新形势下我国农业科技成果转化政策建议［J］. 湖南农业科学，2009 (9)：132 – 134，137.

178. 蒋和平，崔凯．农业科技园区：成效、模式与示范重点［J］. 农业经济问题，2009 (1)：9 – 14.

179. 程国强．中国农产品贸易，格局与政策［J］. 管理世界，1999 (3)：176 – 183.

180. 刘春香．扩展型贸易引力模型视角下中国水产品出口的影响因素与潜力测度［J］. 浙江万里学院学报，2012 (5)：11 – 16.

181. 韩金红．东亚区域内最终产品需求的影响因素分析——基于面板数据的引力模型研究［J］. 世界经济研究，2013 (2)：80 – 86.

182. 蔡派．贯彻落实棉花流通体制改革精神，促进我国棉花产业持续健康发展［J］. 中国棉花，2002 (6)：2 – 5.

183. 段秀芳．新疆棉花产业开拓国际市场的对策研究［J］. 新疆农垦经济，2001 (6)：11 – 13.

184. 苏树军．新疆棉产业发展政府政策定位趋势选择与分析［J］. 中国棉花，2001 (8)：2 – 5.

185. 陶永红等．国内外棉花市场概况及发展趋势［J］. 新疆农业科学，2001

(2): 100 - 101.

186. 钭一土，郑文钟．浙江省农业竞争力的总体评价与地区比较研究［J］．农机化研究，2011 (6): 9 - 13.

187. 樊纲．论竞争力［J］．管理世界，1998 (3): 10 - 15.

188. 符正平．比较优势与竞争优势的比较分析［J］．国际贸易问题，1999 (8): 1 - 5.

189. 官梅．怎样提高中国油菜产业的国际竞争力［J］．农业与技术，2004 (5): 52 - 55.

190. 韩俊，姜春云．中国农村经济结构的变革与国民经济发展：回顾与思考［J］．经济研究参考，1999 (8): 27 - 33.

191. 何秀荣．中国农产品贸易：最近20年的变化［J］．中国农村经济，2002 (6): 9 - 15.

192. 洪银兴．从比较优势到竞争优势［J］．经济研究，1997 (6): 20 - 26.

193. 黄季焜，马恒运．中国主要农产品生产成本与主要国际竞争者的比较［J］．中国农村经济，2000 (5): 17 - 21.

194. 黄季焜，马恒运．价格差异——我国主要农产品价格国际比较［J］．国际贸易，2001 (10): 20 - 24.

195. 黄泰岩，王检贵．工业化新阶段农业基础地位的转变［J］．中国社会科学，2001 (3): 26 - 30.

196. 黄维梁．论农产品差异化营销的意义及其策略讨论［J］．中国农村经济，2000 (8): 40 - 49.

197. 姜怀宇．WTO框架下提高我国农业竞争力的对策研究［J］．黑龙江政法管理干部学院学报，2002 (4): 105 - 106.

198. 路伟等．谈新疆棉花市场的发展及竞争力［J］．中国纤检，2006 (6): 6 - 7.

199. 孙烨．对WTO框架下农产品贸易规则的政治经济学思考——兼论发展中国家和发达国家农业的特点和政策［J］．农业经济，2002 (6): 4 - 25.

200. 辛贤，谭向勇．农产品价格的放大效应分析［J］．中国农村经济，2001 (1): 52 - 57.

201. 汪斌．中日贸易中工业制成品的比较优势及国际分工类型的实证分析［J］．财经论丛，2002 (6): 1 - 6.

202. 王秀清，孙云锋．我国食品市场上的质量信号问题［J］．中国农村经济，2002（5）：15－18.

203. 王永德，尚杰，赵志刚．农产品国际竞争力比较研究综述［J］．学术交流，2008.

204. 吴宏，胡春叶．中美农产品产业内贸易研究［J］．宏观经济研究，2009（6）：6－31.

205. 许颖，张领先．韩国农业国内支持水平与政策结构［J］．世界农业，2009（2）：20－22.

206. 许咏梅．中国茶叶出口国际竞争力比较分析［J］．世界农业，2006（1）：26－28.

207. 徐志全．在 WTO 框架内如何保护和支持农业发展［J］．调研世界，2001（4）：9－12.

208. 闫国庆，陈丽静，刘春香．我国农产品比较优势和竞争力的实证分析［J］．国际贸易问题，2004（4）：17－22.

209. 姚於康，马康平．农产品市场竞争力探讨［J］．中国农村经济，1999（11）：43－46.

210. 叶文辉．农业产业结构调整与农民增收的深层思考［J］．经济问题探索，2003（9）：19－23.

211. 尹成杰．农业产业化经营与农业结构调整［J］．中国农村经济，2001（5）：4－8.

212. 游士兵，肖加元．农业竞争力的测度方法与实证分析［J］．中州学刊，2004（5）：546－566.

213. 游士兵，肖加元．农业竞争力的测度及实证研究［J］．中国软科学，2005（7）：147－152.

214. 余国新，王凯．我国水果产业及主要出口产品品目的国际竞争力分析［J］．国际贸易问题，2008（12）：22－28.

215. 贺西安等．美国的棉花产业［J］．中国棉花，2006（11）：5－7.

216. 尹素琴．美国棉花产业政策的思考与启示［J］．新疆农垦经济，2007（2）：69－73.

217. 蒋逸民等．入世对我国棉花进出口体制的影响［J］．国际贸易与研究，2001（6）：11－15.

218. 曾国平，申海成．中国农产品出口贸易影响因素研究——基于贸易引力模型的面板数据［J］．重庆大学学报（社会科学版），2008（3）：16－19.

219. 张健，杜晓力．产业国际竞争力研究及对我国农业的影响［J］．国际经济合作，2004（1）：24－27.

220. 张金昌．用出口数据评价国际竞争力的方法研究［J］．经济管理，2001（20）：17－25.

221. 张曙光，张燕生．中国贸易自由化进程的理论思考［J］．经济研究，1996（11）：30－38.

222. 张文学，彭介寿，齐德义．入世与我国农产品贸易竞争力的提升［J］．农村经济，2003（3）：16－17.

223. 张昱，黄祖辉．产业竞争力的测评方法：指标与模型［J］．浙江大学学报，2002（4）：146－152.

224. 钟甫宁，羊文辉．中国对欧盟主要农产品比较优势变动分析［J］．中国农村经济，2000（2）：68－73.

225. 李秉龙，乔娟．农产品贸易自由化与发达国家农业保护政策的改革［J］．调研世界，2000（7）：15－19.

226. 李海燕，吴杰．我国蜂蜜贸易国际竞争力的比较分析［J］．国际贸易问题，2009（10）：26－31.

227. 李杏，施国庆．提升农产品出口竞争力的对策分析［J］．山东社会科学，2004（1）：80－83.

228. 刘春香，宋玉华．加大政府支农力度，提高我国农业国际竞争力［J］．技术经济，2005（2）：18－20.

229. 刘春香，宋玉华．农产品比较优势与竞争力研究［J］．中国农业大学学报，2004（4）：8－12.

230. 林毅夫等．比较优势与发展战略［J］．中国社会科学，1999（5）：4－19.

231. 刘学忠．山东省蔬菜出口竞争力之实证分析［J］．国际贸易问题，2008（8）：75－81.

232. 卢锋．比较优势与食物贸易结构——我国粮食贸易调整的第三种选择［J］．经济研究，1997（2）：3－11.

233. 钟甫宁．进攻还是防御？略论农业支持政策重点的战略选择［R］．载杨雍哲主编《论提高农产品国际竞争力》，第171－184页，北京：中国农业出版社，2003.

234. 周星，范燕平．我国食品出口竞争力的实证分析［J］．国际贸易问题，

2008 (3): 60 –66.

235. 庄丽娟．比较优势、竞争优势与农业国际竞争力分析框架 [J]. 农业经济问题，2004 (6): 19 –23.

236. 张玉娥．我国棉花国际竞争力及其影响因素分析 [D]. 南京农业大学硕士论文，2008.

237. 王铭欣．中国私有企业出口产品价格的引力模型研究 [D]. 暨南大学硕士论文，2013.

238. 刘捷．新疆棉花产业国际竞争力研究 [D]. 新疆财经大学硕士论文，2008.

239. 王娟．中国对外服务贸易的决定因素 [D]. 浙江大学硕士论文，2008.

240. 刘涛．出口贸易影响因素的实证研究 [D]. 西南财经大学硕士论文，2009.

241. 张海森．不同市场协整条件下取消 MFA 对中国棉花经济的影响 [D]. 中国农业大学博士论文，2005.

242. 李辉．中国新疆棉花产业国际竞争力研究 [D]. 华中农业大学博士学位论文，2006.

243. 张华峰．中国棉花产业国际竞争力及影响因素分析 [D]. 山东农业大学硕士论文，2016.

244. 王晓珊．基于引力模型的我国入境旅游影响因素研究 [D]. 海南大学硕士论文，2014.

245. 蒋逸民．中国棉花产业国际竞争力形成机理研究 [D]. 南京农业大学博士论文，2008.